极简少年中国史

秦汉中国

郑连根 ◎ 著

山东城市出版传媒集团·济南出版社

图书在版编目(CIP)数据

极简少年中国史. 秦汉中国 / 郑连根著. -- 济南：济南出版社，2022.4（2022.5重印）
 ISBN 978-7-5488-5084-7

Ⅰ.①极… Ⅱ.①郑… Ⅲ.①中国历史—秦汉时代—青少年读物 Ⅳ.①K209

中国版本图书馆CIP数据核字(2022)第043575号

极简少年中国史：秦汉中国
郑连根　著

出 版 人	崔　刚
图书策划	田俊林
责任编辑	李圣红　陶　静　董慧慧
装帧设计	八　牛
图片提供	故宫博物院　孔子博物馆　河北博物院
	济南市博物馆　山东大学博物馆　视觉中国等
出版发行	济南出版社
地　　址	济南市二环南路1号
邮　　编	250002
印　　刷	济南新先锋彩印有限公司
成品尺寸	148mm×210mm　32开
印　　张	5.75
字　　数	88千
版　　次	2022年4月第1版
印　　次	2022年5月第2次印刷
书　　号	ISBN 978-7-5488-5084-7
定　　价	39.60元

（如有倒页、缺页、白页，请直接与出版社联系调换。联系电话：0531-86131736）

让历史为今人赋能

法国历史学家吕西安·费弗尔说:"在动荡不定的当今社会,唯有历史能使我们面对生活而不感到胆战心惊。"历史具有开启智慧、安定人心的功能,"学史使人明智"也是人们一直以来的共识。可是,如何才能最大限度地激发人们学习历史的热情,进而爱上历史,这并不是一件容易的事情。

中国是一个历史资源极其丰富的国家,历史典籍浩如烟海。但是,丰富的历史资源并不能让人天然地具有历史感,更不能让人天然地认识正确的史实、树立正确的史观。我们所说的史学传播、普及就是设法"激活"沉睡的历史资源,使之能为今人赋能。因此,写简明而又适合今人阅读的历史普及读物，一直是我力争做好之事。

四五年前，我写过一本《极简中国史》，这本书得过2017年全国优秀古籍图书普及奖，版权输出英语、阿拉伯语、俄语、哈萨克语、西班牙语等多个语种，算是有点影响。那读者可能就会问："既然已经写过一本中国通史性质的书了，为啥还要再写这套《极简少年中国史》呢？"

原因很简单：对我来说，学习历史是一件永远在路上的事情。我个人读史，常读常新。就整个历史写作领域而言，新的研究成果不断涌现。我非常想把这些新发现、新思考及时地汇报给读者，所以就不怕一写再写。

读史、写史多年，我最大的感受是：历史是活的，不是死的。历史不仅要告诉人们过去发生过哪些事，而且还要对这些事情为何发生做出解释；它不仅要告诉人们这个历史事件与那个历史事件之间的关系，还要对历史事件和历史人物做出恰当的评判；它不仅要帮人们厘清历史的发展脉络，还要启发人们思考历史规律和历史趋势。甚至，历史研究的关注点不仅是过往，还要涵盖当下与未来。历史研究不是一成不变的，而是不断发展、不断更新、不断进步的。在某种程度上，它就像我们手机上的 APP 一样，也需要不断升级。我原来写的《极简中国史》只有一本，十几万字，而这套《极简少年中国史》则有五本，三十余万字。这至少说明，经过四五年的学习和思考，我对中国历史又有了一些新的理解和

序　言

认知。

　　这套《极简少年中国史》在写作结构上采用了"五维写史法"，这五个维度分别为：脉络、故事、知识、观点、专题。书中的每一章，都包含了前四个部分。按照时间顺序写完这套书之后，我感觉还有一些社会生活史方面的专题没展开，就又补写了与古人日常生活（比如衣食住行）相关的专题放在第五册，以飨读者。

　　中国古人有一套"金木水火土"五行相生相克的理论，而我写作这套书恰恰采用了五个维度。于是，我也把自己写史的五个维度与"金木水火土"进行了匹配。

　　按照五行理论，金代表敛聚、提炼，与书中的"观点"部分（观点提炼）匹配；

　　木代表生长、发展，与书中的"脉络"部分（历史现场）匹配；

　　水代表浸润，可引申指代处理问题的方法与技巧，与书中的"专题"部分匹配（专题部分所述，恰是古人生活方面的技术与方法）；

　　火代表炎上，可引申为考试，与书中的"知识"部分（知识贴士）匹配；

　　土代表承载、融合，与书中的"故事"部分（人物故事）匹配。

如此一来，我等于借用古老的五行结构，重新讲述了一遍中国历史。此外，我又录了《历史的河床》系列视频课，共十集，供读者扫码收看，力图带给大家更立体的阅读体验。对我而言，这也算是向传统文化致敬的一种方式吧。

我写历史，一直秉承多维度叙事的原则，主张借鉴多学科的成果和视角来审视历史，要努力写出历史的鲜活感与生动感，写出历史的迂回与激荡，写出历史的丰富与博大，写出历史的厚重与深邃。我不满足于仅仅给读者讲述一下历史上发生的故事，还想在历史写作中融入我们身处当今时代的新思考。我一直相信"只有用深情目光凝视现实的人，才能倾听得到来自历史深处的遥远回声"。历史学本质上是未来学，它是一门"通古今之变"的学问，它通过研究历史关注当下，指向未来。

愿古人的得失成败能为今人的全面发展充分赋能，愿长长的历史经验能赋予我们足够的智慧，愿悠久的历史进程能让我们更加自信、从容地走向美好的未来。

是为序。

郑连根

2022 年 2 月 10 日

第一章·秦帝国

【历史现场】
秦帝国的建立与崩溃 / 02

【人物故事】
秦始皇为什么心理阴暗 / 14

【知识贴士】
"指鹿为马"的由来 / 21

【观点提炼】
秦朝灭亡的教训 / 23

第二章·西汉初建

【历史现场】
从刘邦建汉到文景之治 / 28

【人物故事】
刘邦的"易太子"风波 / 39

【知识贴士】
汉初三杰 / 47

【观点提炼】
西汉王朝政权合法性的构建 / 50

第三章·汉武帝简史

【历史现场】
汉武帝时代 / 56

【人物故事】
汉武帝的外向型人格 / 73

【知识贴士】
丝绸之路与河西四郡 / 78

【观点提炼】
董仲舒的"天人感应"理论 / 81

第四章·昭宣中兴

【历史现场】
汉武帝之后的西汉政局 / 84

【人物故事】
汉宣帝的传奇经历 / 92

【知识贴士】
汉赋与汉乐府 / 98

【观点提炼】
帝制从创建到成熟 / 100

目　录

第五章·西汉衰落

【历史现场】

西汉王朝的下坡路 / 104

【人物故事】

"超级影帝"王莽 / 109

【知识贴士】

汉代的察举制 / 116

【观点提炼】

汉人的政治观念与王莽改制之关系 / 118

第六章·光武中兴

【历史现场】

从昆阳之战到光武中兴 / 124

【人物故事】

班超出使西域 / 129

【知识贴士】

白马寺 / 134

【观点提炼】

从"累世经学"到"累世公卿" / 136

第七章·东汉衰落

【历史现场】

东汉衰亡史 / 140

【人物故事】

乱世英雄曹操 / 148

【知识贴士】

《说文解字》/ 152

【观点提炼】

从两汉盛衰看王朝周期 / 153

第八章·三国两晋南北朝

【历史现场】

战乱与民族大融合的时代 / 158

【人物故事】

北魏孝文帝改革 / 162

【知识贴士】

竹林七贤 / 166

【观点提炼】

东晋和南朝的门阀政治 / 168

第一章
秦帝国

秦帝国的建立与崩溃

公元前221年,秦统一六国。这是中国历史上的一件大事,具有划时代的意义。

自公元前771年周平王东迁起,诸侯混战的局面已经持续了500多年,现在,秦统一了六国,意味着长期战乱局面的结束。从这个意义上讲,秦统一六国符合人民长久以来的期盼。

对秦的最高统治者嬴政而言,统一六国是他最看重的功业。完成一统天下的大业后,他认为"秦王"这个称号已经与他的身份不符了——他现在是全天下的最高统治者,而不只是秦国的君王,于是他要求大臣为自己想出一个比"王"更尊贵的称号。大臣们建议他用"皇",他自己选择"帝",两者一结合,就有了"皇帝"这个称号——嬴政认为自己的功劳已经超过了历史上的"三皇""五帝",称"皇帝"实至名归。如此一来,嬴政

第一章　秦帝国

就成了中国历史上的第一个皇帝。

出于志得意满的膨胀心理，嬴政取消了"谥号"制度。所谓"谥号"，就是用一两个字对重要人物的一生做概括性的评价，算是盖棺定论。这一制度始于西周时期，周天子、诸侯及重要大臣去世后，人们会根据他生前的言行，给出一个"谥号"。君王的谥号，由礼官认定；大臣的谥号，由朝廷赐予。

谥号有"褒谥""恶谥"之分。褒谥有文、武、明、睿、康、景、庄、宣等，恶谥则有厉、幽、灵、炀等。谥号本质上是一种惩恶扬善的道德激励机制，它提醒手握大权的人不要太任性。如果你胡作非为，即便活着的时候别人拿你没办法，那你死后还是会得到一个恶谥，被钉在历史的耻辱柱上。相反，如果你知道约束自己，用心体恤民众，那么死后就会得到一个褒谥，万古流芳。

可是，嬴政觉得谥号制度很不好，有"子议父，臣议君"之嫌。儿子议论父亲，大臣议论国君，这不是有损父亲、国君的威严吗？所以，他就废除了谥号。

废除谥号之后，怎么称呼死去的国君呢？这个问题难不倒嬴政。他说，我叫"始皇帝"，在我之后继位的

· 3 ·

皇帝就按数字计算，称"二世、三世，至于万世，传之无穷"。嬴政被称为秦始皇，就是这么来的。

秦始皇设想的"传之无穷"的大秦王朝，实际上是中国历史上有名的短命王朝，仅仅存续了15年，"二世而亡"。他废除的谥号制度，后来也被恢复了。不过，他使用的"皇帝"称号及相应的帝国体制则一直沿用了2000多年。

议定"皇帝"称号之后，秦始皇接下来面对的一个现实问题是：怎么来治理一个疆域如此辽阔的国家？针对这个问题，大臣中出现了两种不同的意见。丞相王绾领衔上奏，说大秦朝的疆域太大了，最北边原来属于燕国的地方，最东边原来属于齐国的地方，最南边原来属于楚国的地方，都离大秦王朝的都城咸阳太远了。这些地方不便于中央直接管理，所以请始皇帝将自己的儿子分封到这几个地方去当王。王绾的这个建议，实质上是让秦始皇继续使用西周分封制的办法来统治大秦王朝。

秦始皇将王绾的建议交给大臣讨论，赞同的人非常多，唯有当时担任廷尉的李斯反对。李斯反对的理由是，当年西周用的就是这种分封制，而分封制有天然的漏洞——它是依靠血缘关系而建立的,随着时间的推移,诸侯和天子之间的血缘关系会变淡。年代久远之后,诸侯之间会因血缘变淡而不再亲近。血缘纽带失效之后,彼此之间反目成仇、相互攻伐也就在所难免。春秋战国时期诸侯混战的局面不就是这么来的吗?现在,大秦好不容易实现了统一,若再继续使用分封制,那不是要重蹈覆辙吗?因此,李斯反对再分封诸侯,提出要采用郡县制,将大秦王朝的所有疆域都纳入中央政府的直接管辖之下。

听了两派的意见后,秦始皇采纳了李斯的意见,改分封制为郡县制。秦始皇将天下分为36郡,郡的下面再设县。每一个郡设置郡守、郡尉和郡监三个地方官,他们是皇帝在地方的代理人,分别管理行政、军事和监察事务。他们都由中央直接任命,接受中央发给的固定俸禄。他们的职位不能世袭,皇帝随时可以罢免他们。而且,郡守、郡尉、郡监这三个职务并不是互相隶属的关系,而是互相牵制的关系。这种地方上的"三权分立",充分确保了皇帝的最高权力不受挑战。

郡的下面设县,县的行政长官称县令,也由中央任命。如此一来，地方官员全由皇帝任免，皇帝的权力空前扩大，绝非昔日的周天子可以比拟。

郡县制并非秦始皇的首创，早在春秋战国时期，有些诸侯国就采用过这种管理地方的方式。商鞅变法时，也在秦国推行过县制。不过，经过秦始皇的这次改革，郡县制彻底成了大秦帝国正式的政治体制。此举标志着官僚政治取代了血缘政治，中国由贵族阶级统治走向了皇帝专制制度。

皇帝专制，首先是为了保证帝国最高权力的集中，而不是分散。国家大权都集中在皇帝一个人手里，这不仅让皇帝拥有了至高无上的尊严，而且还让皇权和国家公权力实现了最紧密的捆绑——皇帝代表国家。为了确保皇帝权力的绝对集中，其他人不得享有皇帝授权之外的任何特权。周朝时期实行分封制，周天子封自己的兄弟叔伯和功臣为诸侯。诸侯在周天子面前是臣，但在他们自己的封国，他也是君。诸侯的位子，死后可由他的儿子继承。在自己的封地之内，诸侯拥有独立的人权、财权和兵权。这样的权力结构中，周天子虽是名义上的天下共主，但权力是分散的。可是，秦朝的皇帝不一样。

第一章　秦帝国

理论上讲，整个国家的所有权力都集中到了皇帝一个人的手上。皇位的传承也只限定在皇帝的家族之内，外人不得染指。皇帝之外，哪怕是宰相，他的官位也不能传给子孙。

天下那么大，需要管理的事情那么多，皇帝一个人当然管不过来，所以就需要找帮手。皇帝的帮手是谁？是官僚。周朝采用分封制，实际上是周天子找自家的兄弟当帮手，封他们为诸侯，让他们和自己共治天下。这种制度设计，很像今天的合伙制公司。周天子是公司第一大股东，他的兄弟和功臣则是公司合伙人，也拥有公司的部分股权。秦始皇建立秦朝之后，不再找自家兄弟当帮手了，而是通过直接任命官员的方式，让官僚代替自己治理国家。如此一来，官员就成了皇帝的"打工仔"，他们没有公司的股权，完全要靠自己的努力工作来换取薪水。官员的手中虽然也有权力，但他们的权力完全来源于皇帝的任用和支持。

若再仔细分析秦朝确立的帝国制度，我们就会发现它具有双重性。在国家最高权力的继承问题上，实行的是"父死子继"，这是一种古老的血缘宗法制度；可在官员任用问题上，实行的却是考察、选拔、任用、罢黜等一套非常理性的程序，有人将这套程序概括为官僚契约制度。

官僚契约制度，让官员有了退出机制（官员犯了错，会受惩罚，会被免职）；血缘宗法制度，却让皇帝没有退出机制（皇帝犯了错，无人能罢免他），皇位必须限定在皇族之内，难以保证代代出明君。一句话，皇帝专制，让国家的权力高度集中，有利于集中力量办大事，但也对皇帝的道德和才能提出了更高的要求。生活在帝制时代的人们，若不幸遇到了一个昏君，那么想矫正他的错误就变得非常困难。有时实在无法在制度之内纠正皇帝的重大错误，就只好从外部摧毁整个王朝，再建立一个新的王朝。这就是古代中国老是改朝换代的一个重要原因。

解释完了皇帝专制制度，我们回过头来继续说秦始皇。为了巩固统治，秦始皇收缴各国兵器，熔铸成12个金人，放置在皇宫前，以示从此不再有兵戈之乱。秦始皇还将各国的豪门大户迁到都城咸阳，便于监视。

接着，秦始皇大兴土木，进行了一系列的工程建设：他在全国范围内修建"驰道"（也就是马可以在上面疾

第一章 秦帝国

驰的大道）。当时的"驰道"可说是大秦帝国的"高速公路"。"驰道"系统以首都咸阳为中心，向东修到今天的山东，向南分别抵达今天的江苏、浙江、湖南、湖北。秦始皇修建"驰道"主要是出于军事目的——一旦哪个地方出现了叛乱，秦军可沿"驰道"迅速前去镇压。

如果说修建"驰道"是为了防止国内叛乱的话，那么秦始皇修建长城则是为了抵御匈奴。战国时期，秦、赵、燕等几个北方国家出于防御匈奴的目的，就各自在自己的北方边境修建过长城。秦始皇统一六国后，派蒙恬率军北击匈奴，然后把秦、赵、燕的长城连成一体，修成了著名的万里长城。此外，秦始皇向南用兵，攻下了南越，在那里设立了桂林、象、南海三个郡，并修建了灵渠。经过秦始皇的开疆辟土，秦朝的版图历史性地拓展到今天的广西、广东和海南岛。

为了便于大一统王朝的管理，秦始皇下令统一了度量衡、货币和文字。这些"车同轨，书同文"的措施有效地整合了庞大帝国的各项社会资源，对中华民族形成一个统一的文明共同体起到了至关重要的促进作用。

公元前213年，秦始皇在李斯的建议下"焚书""坑

"错金杜虎"符。现藏于陕西历史博物馆。"符"是中国古代常用的一种信物,一般分为两半,两半相合,就能作为办理某类事务的定约和践约的凭证。虎符为左半符,上有错金铭文9行共40字,字体为小篆。秦国的军权高度集中,凡征调50人以上的兵士必须经国君认可。(图片来源:丁俊豪/视觉中国)

儒",销毁历史文化典籍,坑杀儒生和方士,他的这项摧残思想文化的政策饱受诟病。中国的历史文化发展到秦朝进入了一个"拐点"。先秦的文化和秦朝以后的文化,"精气神"绝对不一样。一提"先秦思想",人们立马能想到春秋战国时期的"百家争鸣",会竖起大拇指,说那是中国思想史上的黄金时代。可秦朝呢?皇帝的权

第一章 秦帝国

力确实是加强了,国家的疆域也拓展了,可思想文化方面却再也没重现过"百家争鸣"的盛况。

完成统一的大秦帝国并没有给人民带来真正的福祉,反而成了压榨人民的机器。秦始皇开疆辟土的军事行动和大兴土木的工程建设,耗费了大量的财力和民力,再加上他脾气暴躁,性格残忍,虚荣心强,疑神疑鬼,导致民间的不满情绪越来越重。

秦始皇想靠不断"出巡"来向百姓彰显皇帝的奢华排场和绝对权威,他还想找到长生不老的药物,让自己永远地活下去,一直当威风八面的皇帝。但他的这两个愿望都落空了,不但长生不老药没找到,他自己也于公元前210年死在了出巡的路上。

秦始皇死后,宦官赵高和丞相李斯发动政变,矫诏将本该继承皇位的公子扶苏赐死,扶持胡亥继位,是为秦二世。

秦二世元年(公元前209年)七月,秦朝从阳城征调900人去戍守渔阳(今北京密云西南),陈胜是这支队伍的"屯长"。当这批戍卒到达大泽乡(今安徽宿县东南)的时候,遇上大雨,道路不通了,他们只得停止行军。等雨停路通之后，陈胜、吴广等人一算，完了，不能按时赶到渔阳了。按照秦朝法律，只要不能按时抵达戍守之地，所有的戍卒就得一律被斩首。

生死存亡的危急关头，陈胜毅然决定起义。他跟另一个屯长吴广商议："今亡亦死，举大计亦死，等死，死国可乎？"反正我们怎么着都要死，与其等死，还不如奋力一搏，起义算了。

吴广赞成陈胜的主张，两人开始策划起义。起义方案分为三步。第一步，搞造神运动，树立陈胜的光辉形象。他们用朱砂在一块绸子上写上"陈胜王"三个字，塞到渔民捕来的鱼的肚子里。戍卒买鱼回来，发现了鱼腹中的"丹书"，甚为震惊。与此同时，陈胜又让吴广潜伏到营地附近的一座荒庙里，半夜点燃篝火，模仿狐狸的声音，大喊"大楚兴，陈胜王"。睡梦中的戍卒被惊醒，十分惊恐。第二天戍卒们交头接耳，对着陈胜指指点点，越看越觉得陈胜不是凡人。

第二步，制造摩擦，为起义寻找导火索。吴广趁两个押送戍卒的将尉喝醉之际，故意扬言逃跑，激怒二人。两个将尉果然中计，鞭打吴广，结果"广起，夺而杀尉"，陈胜也随即上场帮忙，杀了另一个将尉。酿成命案之后，冲突骤然升级，起义的导火索被点燃了。

第三步，战前动员。杀了两名押送戍卒的军官之后，陈胜召集戍卒发表演说。他说，我们在这里遇上了大雨，已不能按时抵达渔阳了，误了期限大家都要被杀头。退一步说，即便侥幸不被砍头，戍守边塞的人中有十分之六七也要送命。好汉不死便罢，要死也得取得大名声啊！
"王侯将相宁有种乎！"

陈胜的动员演说很成功，戍卒们本就对秦朝的暴政不满，这时都说"敬受命"，我们愿听从您的号令！于是大伙儿在陈胜、吴广的带领下，以袒露右臂作为标志，筑坛盟誓，宣布起义。陈胜自立为将军，吴广为都尉，一举攻下大泽乡，接着又迅速攻下了蕲县（今安徽宿县）。中国历史上第一次大规模的农民起义就这样爆发了。

陈胜、吴广起义之后，引发了连锁反应，各地的百姓纷纷杀掉秦朝的官吏，响应起义。很快，赵、齐、燕、魏等地都打着恢复六国的旗号，加入了反秦大军。至此，大秦王朝已呈土崩瓦解之势。

秦朝这边，统治集团内部出现了严重的内斗。秦二世是个昏聩的君王,他听信宦官赵高的谗言,于公元前208年杀害了丞相李斯。公元前207年,赵高发动政变,逼迫秦二世自杀,然后立子婴为秦王。此时,项羽已经在巨鹿打败了秦军主力,刘邦也已率军攻克了武关,曾经被秦征服的六国又纷纷复国,大秦王朝已丧失一统天下的格局,因此,子婴不再称皇帝,而改称秦王。秦王子婴知道赵高是个大阴谋家,就设计杀死了这个臭名昭著的宦官。

秦王子婴即位46天之后,刘邦的大军就杀到了咸阳城下。子婴无奈,只好出城投降,大秦王朝就此灭亡,此时为公元前206年。

秦始皇为什么心理阴暗

秦始皇是中国历史上的第一个皇帝,可是他的心理却不够健康,用现代心理学的视角来看,他几乎可说是一个心理特别阴暗的人。为什么这么说呢?请看如下事

第一章　秦帝国

实：公元前 219 年，秦始皇南巡衡岳，在渡江时遇到了大风，差点没渡过去。他问身边的博士："负责这片辖区的神仙湘君是谁呀？"博士告诉他，传说是尧的两个女儿，舜的妻子娥皇、女英，她们死后葬在了这里。于是秦始皇大发雷霆，命令三千刑徒伐光了湘山上的树，"赭其山"，山都露出了红色的土壤。因遇风过江受阻就迁怒于神仙，还砍光湘山上的树加以报复，这种做法充分暴露了秦始皇情绪极端不稳定的特点。这种人放在今天，他去机场坐飞机，若遇到飞机晚点，你想他会做出怎样极端的行为吧。

翻看《史记·秦始皇本纪》，我们还能发现秦始皇诸多情绪异常的举动。比如，公元前 229 年，秦国吞并了赵国。"秦王之邯郸"，他亲自跑到了赵国都城邯郸，到那里干啥去了呢？去复仇。"诸尝与王生赵时母家有仇怨，皆坑之。"原来，秦始皇的母亲是赵国人，曾住在邯郸，现在秦国把赵国吞并了，他就把当年跟母亲家有仇的人统统活埋，以报仇解恨。秦始皇的做法显然超出了正常人接受的程度——就算人家当年跟你母亲家有仇，可都已经过去这么多年了，一般人早忘了。即便不忘，你也不能把所有的人都活埋呀。仇恨记得太清楚，一记几十年，且报仇的时候手段太狠，这并不能真正证明一个人的强大。恰恰相反，这暴露出了此人内心的自卑和虚弱——他在表象上报了仇，可他的心依然处于受伤的状态中。

与复仇相比，宽恕才意味着真正的强大。韩信在落魄之际也受过"胯下之辱"，可等功成名就之后，他并没有选择复仇，而是让当年侮辱自己的那个人当了个小军官，以示感谢。韩信说，若不是当年忍了他的胯下之辱，也就没有今天的自己。

曼德拉的做法当然更为人津津乐道。在成为南非总统之前，曼德拉曾是政治要犯，长期被关押在罗本岛的监狱中。狱卒对曼德拉并不友好，经常虐待他。可是，当曼德拉就任南非总统之际，他特意邀请当年看守他的三名狱卒出席就职典礼。他说："在走出囚室，经过通往自由的监狱大门的那一刻，我已经清楚，如果自己不能把悲伤和怨恨留在身后，那么我其实仍在狱中。"这才是一个伟大政治家的高尚人格，是一个领导人该有的健全心理。相比之下，秦始皇的心理不是太阴暗了吗？

第一章 秦帝国

心理阴暗之人，惯常的表现就是情绪不稳定、喜怒无常、疑神疑鬼。如果说秦始皇"伐树赭山"代表着他情绪极不稳定的话，那么以下事实则可证明他疑神疑鬼到了何等地步。

秦始皇在咸阳周围建了270座宫观，以复道、甬道相连，他想去哪里就去哪里，办公地点不固定，休息场所也不固定，故意让人不知道他在哪里。有一次，他在梁山宫看到丞相李斯出行的时候排场很大，心里很不高兴。现场有人捕捉到了他对丞相李斯的不满，就把这一情况告诉了李斯。李斯听说后立马改正错误，减少了自己出行时跟随的车骑。这本来是一件好事。可秦始皇仍然不高兴，怒曰："此中人泄吾语！"就是你们这些跟随我的人泄露了我的话。然后就审查，要查出到底是谁泄露了机密。结果，没人承认，案件结不了。按照正常的思维来处理的话，此事也许就不了了之。可是，秦始皇不干，他"捕时在旁者，尽杀之"，把当时在他身边的人全抓住，然后杀掉。

类似的事件还有一起。公元前211年，一颗流星掉在了东郡（今陕西华阴市西北），"至地为石"，流星掉在地上就变成了一块石头。可是,不知道什么人在石头上刻了"始皇帝死而地分"几个字。秦始皇知道后就"遣御史逐问",追查此事,结果没人承认这事是自己干的。暴怒的秦始皇便采取了极端的做法,"尽取石旁居人诛之",把住在石头附近的人都给抓来杀了,还"因燔销其石",把那块陨石也一同销毁。这两件事充分暴露了秦始皇致命的心理疾病:他太爱发怒了,一发怒就失去理智,失去理智就乱杀人,而且杀人时采用的还是"宁可错杀三千,不可使一人漏网"的疯狂做法。

那么,有人可能要问:秦始皇的心理问题是怎么形成的呢?这似乎可以从他的成长经历来进行解释。

秦始皇名嬴政,他母亲名赵姬,年轻时是赵国的一个大美人,被大商人吕不韦看中并包养。吕不韦刻意结交当时尚在赵国做人质的秦孝文王之子嬴异人,想将其包装"上市",以便回秦国当太子,继承王位。嬴异人到吕不韦家喝酒,看中了赵姬。吕不韦遂将赵姬"转赠"嬴异人。一年后,嬴政出生,先姓赵。嬴异人后来果然当上了秦王,是为秦庄襄王。

嬴政出生于公元前259年。就在他出生的前一年,

第一章 秦帝国

即公元前 260 年，秦赵之间持续三年的长平之战结束，赵军惨败，四十万降卒被秦军坑杀，赵国不得不向秦国割地求和。可是，赵国事后并没有履行承诺。于是，秦国又出兵围攻赵国的都城邯郸。为了解救邯郸，赵国的平原君向魏国的信陵君求救，信陵君和他手下的门客通过一系列斡旋，盗取了魏王的兵符，矫诏统兵救赵，解邯郸之围。这就是历史上有名的信陵君"窃符救赵"的故事。

邯郸之围历时三年，正是小嬴政从出生到三岁这个阶段。这个时候，他和母亲赵姬就生活在邯郸城中。秦军出兵进攻邯郸之际，赵国要杀掉秦国人质嬴异人。关键时刻，吕不韦买通了关系，将嬴异人救出，送回了秦国，留在赵国的就只有赵姬和小嬴政。赵姬和小嬴政在邯郸提心吊胆地过日子。《史记》载："赵欲杀子楚妻子，子楚夫人，赵豪家女也，得匿，以故母子竟得活。"子楚就是嬴异人，也就是说，在嬴异人逃回秦国之后，赵国人还想杀掉赵姬和小嬴政。幸好，赵姬家里有钱，用各种办法将这对母子藏了起来，两人得以活命。身为人质的儿子，小嬴政不得不四处藏匿、逃命，朝不保夕的恐惧感和孤独感让他从小就不相信任何人,让他变得冷漠、残酷。这段充满恐怖的藏匿、逃命的生活想必给小嬴政造成了极大的心理阴影,让他对赵国乃至整个世界充满了仇恨。

后来,小嬴政回到了秦国。这时他又由人质的儿子变成了太子的儿子,反差实在是太大了。要接受这么巨大的反差,显然超出了一个小孩子的心理承受能力。当年,在赵国东躲西藏的日子对小嬴政的心灵是一种伤害。现在,秦国王宫里锦衣玉食的生活对小嬴政来说也是一种伤害。这两种生活都不是一个孩子要过的正常生活,一个是过度惊吓,一个是过度享乐;一种是过度小心,一种是过度任性。惊吓和小心让他变得敏感多疑,过度的享乐和任性又让他变得傲慢、狂躁。这么多负面因素结合在一起,就造成了秦始皇疑神疑鬼、喜怒无常、残忍暴虐的性格,使他产生了严重的心理问题。

(扫码读《过秦论》)

"指鹿为马"的由来

公元前210年,秦始皇在第五次出巡的路上病死沙丘(今河北广宗县)。按当时政权交接的原则,秦始皇去世,继承皇位的应该是长子扶苏。秦始皇去世前也有遗书给扶苏:"与丧会咸阳而葬。"意思是让扶苏回到咸阳,主持丧礼,然后继承皇位。

可是,宦官赵高扣押了秦始皇的遗书,并联合丞相李斯发动政变,用假诏书赐死了公子扶苏,并抓捕了可能反抗的将军蒙恬等人。政变成功后,赵高、李斯等人才发布秦始皇去世的消息,并让胡亥继承皇位,是为秦二世。

秦二世是靠赵高耍阴谋才登上皇位的,他上台之后自然重用赵高。赵高跟他说,你得把先帝的老臣都杀掉,换上自己的亲信才可以高枕无忧。秦二世照着做了。接着,赵高说,你的兄弟姐妹对你的皇位也有威胁,你得斩除他们。秦二世也照着做了,把自己的12个兄弟和10个姐妹全部杀害。然后,赵高跟秦二世说,丞相李斯也不靠谱。秦二世居然也信了，把李斯下狱，随后杀害。

李斯死后，赵高取代李斯，当上了大秦的丞相。可是他仍然不满足，想发动政变，但又怕群臣不服，就导演了一出历史上有名的荒诞剧——"指鹿为马"。

公元前207年，在一次朝会上，赵高将一头鹿献给秦二世，说这是一匹马。秦二世笑了，说："丞相真会开玩笑，这明明是鹿，你怎么说是马呢？"赵高说："这就是马呀。"

秦二世仍不信，遂问在场的大臣。大臣因为害怕赵高，很多人都附和说是马，也有的人说是鹿。赵高以此事为依据将大臣划分成不同派别，那些说鹿的人一律被赵高找借口杀掉，说马的人则被赵高当成亲信。

这就是赵高"指鹿为马"的故事。后来，人们就用"指鹿为马"来比喻故意颠倒黑白、混淆是非的做法。

第一章　秦帝国

观点提炼

秦朝灭亡的教训

秦始皇统一六国，开启了以皇帝集权和郡县制为主要特征的帝国制度，此事在中国历史上具有划时代的意义。

经春秋战国长达 500 多年的频繁战乱，各诸侯国之间已经形成了基本的文化共识——结束战乱，实现统一。各国所争的，无非是由哪一国来完成统一的任务。秦统一六国，正是在此统一大势之下完成了一项历史任务。

秦始皇的最大历史功绩就是开创了帝国体制，确定了统一国家的地理疆域和文化疆域，奠定了帝国"车同轨，书同文，行同轮"的社会组织形态。而其最大悲剧在于：他虽于制度层面创建了帝国，可在管理层面，却依然是"穿新鞋走老路"，继续以治理秦国的思路来管理一个大秦帝国。换言之，秦始皇在大帝国的制度构建方面颇有建树，可在治国手段的转换与升级方面却严重脱节。

秦始皇治下的大秦帝国，其执政思路不过是战国时期秦国政治制度的延续。自商鞅变法以来，秦国就一直奉行"战时体制",一切以军事征服为目标。待秦始皇统一六国之后,战争已经结束了,这时秦帝国面临的首要任务是转"武功"为"文治"。可是,秦始皇依然用"战时体制"下的一系列暴虐手段来治理大帝国。他北面打击匈奴,南面进攻百越,两线同时作战,帝国的疆域迅速扩大,但付出的代价也相当惨重。北线,蒙恬率领的进攻匈奴的兵力有三十万;南线,派去进攻百越的兵力至少五十万。

秦始皇让蒙恬主持修建长城,并建造了"秦直道"。"秦直道"是一条南北向的秦国交通大动脉,起于秦始皇的夏宫云阳,向北进入鄂尔多斯沙漠,跨越黄河的北部大弯道,最后抵达九原(今内蒙古包头以西的五原),全长约 800 千米(合当时的 1800 秦里)。要修建这样的大工程,按照当时的生产力水平绝非易事,所以"秦直道"至秦始皇死时还没完成。在南方,秦始皇则修建了灵渠。

统一六国之后秦国继续发动战争,并修建一系列大的工程,这极大地加剧了人民的负担。钱穆先生在《中国经济史》一书中就说:"秦之速亡,并不在于废封建而创建郡县制，而是统一天下以后，役使民力过多过急。如为修建阿房宫及骊山陵寝就劳役了70多万人，戍守五岭役使50万人，戍守长城役使30万人。加上堕城郭、决川防、夷险阻及筑驰道的力役，恐经常得征用200万劳动人民，乃是惊人之数。民力安得不竭？……由于政府动用如此庞大的劳动力，粮饷物资自亦相应增多。原来征收十分之一的田租，可能增加到十分之五，甚至更多。"可见，对民众的过度榨取，是秦朝二世而亡的主要原因。

对于秦始皇发动扩张战争与大兴土木之间的关系，日本历史学家鹤间和幸在《始皇帝的遗产：秦汉帝国》一书中认为："诸如长城、直道、阿房宫、丽邑、云阳、灵渠的建设，都是在新的天下形势下，为实行战时体制所需要的土木工程。因此，不能说'秦统一天下而修万里长城'，而应该说'秦统一天下后，在发动对外战争时修筑了万里长城'。"这个观点值得重视。秦始皇大兴土木，实乃其战时体制之组成部分，它们或直接服务于前线作战，或为了震慑百姓，以达维护帝国稳定之效。

大秦帝国脱胎于战国时期的秦国，它靠秦国强大的军事实力统一了六国。可是，"马上得天下，不能马上

秦始皇兵马俑。秦始皇陵布局缜密,规模宏大,具有重要的历史、科学和艺术价值。(图片来源:程越峰/视觉中国)

治天下",靠武力夺得的天下,不能再用武力征服的手段来治理。治理大帝国一定要及时地转换思路,弃"武功",用"文治",改"战时体制"为"和平体制",秦始皇在这个问题上犯了大错。后来,汉高祖刘邦吸取了秦朝灭亡的教训,在夺得天下之后及时采用"黄老之术"治理国家,让百姓得以休养生息。于是,才有了西汉时期的"文景之治"。实践证明,一个王朝能否及时地从战时体制转向和平体制,实在是一个至关重要的问题。

| 第二章 |

西汉初建

历史现场
从刘邦建汉到文景之治

秦始皇当政期间非常喜欢出巡。他一次次出巡的主要的目的不是旅游，而是为了震慑天下——通过盛大的车队、华美的仪仗、训练有素的卫兵，烘托出皇权的至高无上。

可惜的是，秦始皇的出巡并没有达到预期的效果。项羽和刘邦都目睹过秦始皇出巡时的盛大场景，项羽发表的观后感是："彼可取而代之。"刘邦则说："大丈夫当如是。"有意思的是，秦王朝后来还真的被项羽、刘邦等人给推翻了。可以说，两人见到秦始皇出巡时心中所生起的羡慕、嫉妒、恨，犹如雨后春笋一般，节节生长，最终长成了推翻秦王朝的强大力量。

刘邦仅比秦始皇小三岁，两人均出生在战国末期。在秦始皇当政时，刘邦仅是江苏沛县的一个小亭长，属于社会底层之人。他在秦末天下大乱之际乘势起义，加

第二章　西汉初建

入反秦的队伍之中。

各路反秦队伍的盟主楚怀王曾与诸将有约："先入咸阳者，王之。"意思是谁先攻克秦朝的都城咸阳，就封谁为秦王。当时反秦人士的想法是：灭掉秦朝之后再恢复战国时期的诸侯国体制，六国各自复国，秦朝的土地和人民则封赏给攻克咸阳的将领。

刘邦率军西进攻秦，项羽率军北上救赵，两路大军从不同的方向进攻秦军。结果，刘邦于公元前206年首先攻入秦都咸阳，秦王子婴投降，秦朝灭亡。按照约定，刘邦此时应该被封为秦王。可是，项羽凭借强大的武力推翻了"怀王之约"，重新分封诸侯，将刘邦封在了蜀地，名为"汉王"，而项羽则自封为"西楚霸王"。

不久，刘邦发兵进攻项羽，历时四年的"楚汉相争"由此开始。战争初期，刘邦在军事上并不占优势，但刘邦善于使用人才，他的团队中有萧何、张良、韩信、陈平等奇才。这些人集合一处，项羽显然不是对手。最后，双方的军队在淮河岸边的垓下（今安徽灵璧县内）展开决战，项羽战败，突围后逃至乌江岸边自刎。楚汉战争以刘邦的胜利而告终。

公元前202年，刘邦称帝，建国号汉，定都长安，西汉王朝就此诞生。

在国家治理结构方面，刘邦并未直接采取和秦始皇时期一样的郡县制度，而是迁就现实，选用了一种混合政体——郡国并行制，即在刘邦自己控制的地区实行郡县制，而在诸侯王控制的地区仍实行分封制。西汉建立之初，刘邦分封了七个异姓王，即韩信为楚王，彭越为梁王，韩王信为韩王，吴芮为长沙王，英布为淮南王，臧荼为燕王，张敖为赵王。这七个异姓王，在反秦及随后的楚汉相争中一直是刘邦的军事盟友。现在，汉王刘邦当上了皇帝，这些人继续做诸侯王也是顺理成章之事。

可是，这些异姓王在自己的封国内拥有兵权，这是刘邦的心头大患。于是，刘邦很快就以叛乱、暗杀、叛国等罪名将异姓王清除（仅长沙王吴芮幸免）。清除异姓王之后，刘邦大封同姓王和嫡系功臣，并约定"非刘姓不得为王，非有功不得封侯"。

刘邦去世之后，太子刘盈即位，是为汉惠帝。汉惠帝的母亲就是大名鼎鼎的吕雉。吕雉是刘邦的皇后，此时成了太后，掌握了朝中大权。她置刘邦生前与功臣们

第二章 | 西汉初建

立下的"非刘姓不得为王,非有功不得封侯"的盟誓于不顾,大肆封吕家人为侯,同时还对刘氏宗族大开杀戒。史书上称吕后统治期间为"诸吕之乱",意思是吕氏外戚制造了朝政上的种种混乱。好在,吕氏之乱的危害仅限于权力高层,并未波及平民百姓。

吕后死后,吕氏家族迅速被消灭。在此之后,汉帝国迎来一段备受赞誉的阶段——文景之治。

文景之治是中国历史上著名的盛世之一,对此,《史记·平准书》有一段经典的概括:"汉兴七十余年之间,国家无事,非遇水旱之灾,民则人给家足,都鄙廪(lǐn)庾(yǔ)皆满,而府库馀货财。京师之钱累巨万,贯朽而不可校。太仓之粟陈陈相因,充溢露积于外,至腐败不可食。众庶街巷有马,阡陌之间成群,而乘字牝(pìn)者傧(bīn)而不得聚会,守闾阎者食粱肉,为吏者长子孙,居官者以为姓号。故人人自爱而重犯法,先行义而后绌耻辱焉。"意思是,汉朝通过70多年的持续建设,国家无大事,只要不遇到水旱灾害,老百姓就会家给人足。国家积聚的钱币千千万万,以至于穿钱的绳子都朽烂了。国家仓库的粮食很多,有的露在外面,最后腐烂

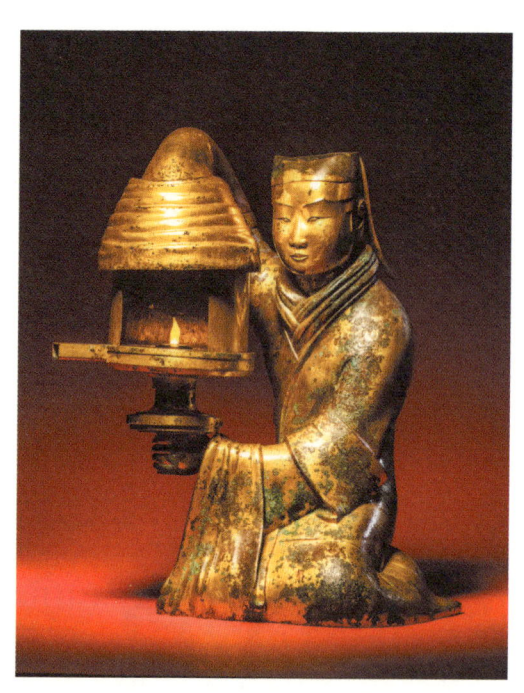

长信宫灯。现藏于河北博物院。通高48厘米,分为头、身、右臂、灯座、灯盘、灯罩等部分,可以任意拆卸。灯上刻有"长信尚浴""阳信家"等铭文9处共65字。长信宫灯造型优美,构造精巧,体现了古代匠师的创造才能以及当时高超的科学技术水平。

不能食用。普通街巷中的百姓也有马匹,田野中的马匹更是成群,以至于骑母马的人都会受到歧视,不好意思参加聚会。居住里巷的普通人也能吃上肥肉,为官的人子孙长大了,官职还未变动,做官的以官职作为姓氏名号。在这样的盛世里,人人知道自爱,崇尚礼义,不愿意干作奸犯科的事。

　　文景之治的盛世局面,固然与汉文帝与汉景帝两朝的开明统治密不可分,但若将此功劳全部归于这两人,似也不尽然。原因就在于,自刘邦建立汉朝以来,一直奉行"无为而治"的简约主义治国理念,最能说明这一点的,莫过于"萧规曹随"的典故。曹参当上丞相之后,一切都按照前任萧何订立的规则去办,绝不为了自己刷存在感就瞎折腾,打着创新的旗号改变前任的政策。可以说,西汉自建立起便奉行"无为而治"的执政理念,这一理念持续沿用了70多年之后,在文帝、景帝两朝结出了丰硕的果实。

针对文景之治,历史学家吕思勉先生曾说:"有为之治求有功,无为之治,则但求无过。(无为)虽不能改恶者而致诸善,亦不使善者由我而入于恶。一统之世,疆域既广,政理弥殷。督察者之耳目,既有所不周,奉行者之情弊,遂难于究诘。与其多所兴作,使奸吏豪强得所凭藉,以刻削下民,尚不如束手一事不办者……故历代清静之治,苟遇社会安定之时,恒能偷一日之安也。"这段话道出了"无为而治"理念的精髓:民间本有安居乐业之本能,有求富求强求仁之动力,兼有创业创新之冲动,只要帝国的权力不过多干预,给民间以充分发展的空间，假以时日，"家给人足"的局面就一定会出现。

当然，汉文帝和汉景帝的功劳也是不可磨灭的。文帝是历史上有名的仁德君王，他施行的诸多仁政确实可圈可点。

汉文帝刘恒是刘邦的第四个儿子，他的母亲薄姬最初是魏王魏豹的妾。楚汉战争初期，魏豹附汉而又叛汉，后被韩信、曹参击败，薄姬由此成了汉军的俘虏，被送入织室织布。刘邦见薄姬有些姿色，遂纳入后宫，并于公元前202年生下了刘恒。刘恒在八岁时被封为代王，并在治理代地的过程中赢得了"宽厚仁慈"的美名。

刘恒当上皇帝之后，首先封赏诛灭诸吕有功的大臣，封周勃为右丞相，陈平为左丞相，灌婴为太尉，随他从代地入朝的宋昌等人也得到了较高的封赏。随后他又通过平衡功臣与刘氏宗室的权力，巩固了自己的统治。他很快立长子刘启为太子，同时，立窦氏为皇后。从这些举措中，我们可以看出文帝沉静性格之下的干练和老道，他仁慈而不懦弱，理性克制而不优柔寡断。

汉文帝生活十分节俭，很少添置衣服，即便对他宠爱的慎夫人，也令其"衣不曳地，帷帐不得文绣"。他

第二章 西汉初建

为自己修建的霸陵，"不得以金银铜锡为饰"，用的全是瓦器，坟墓也"因其山，不起坟"，就着山势而建，不用人工将坟墓修建得高高大大，可以说一切都本着节俭的原则，以省钱省力为目的。有一次，他想建造一座露台，但一算要花掉十户中等人家的财产，于是就取消了修建计划。

汉文帝还重视农业，多次晓喻百官关心农桑，奖励努力耕作的农民。他曾两次"除田租税之半"，一度把原来"十五税一"的田租降为"三十税一"。汉文帝十三年（公元前167年），他还下令全免田租。这些轻徭薄赋的政策有利于国家和百姓"休养生息"。

汉文帝当政期间，还有几件事干得比较漂亮。其一，汉文帝自己带头模范守法，不以个人意志破坏法律规定。一次，汉文帝出行，路过渭桥，有人从桥下走出，御马受惊而跑，文帝自己也受到了惊吓。文帝很生气，要求廷尉张释之处死惊吓了御马的人。可是张释之只判处此人罚金四两。他向文帝解释说，这种处罚是法律上规定的。法律是天子和天下人共同制定的，如果我们轻易地改变法律，就会使人们失去对法律的信任。所以，不能处死此人，只能依照法律来判处罚金。汉文帝听后，认为张释之做得对，说："廷尉当是也。"

其二，文帝下诏重新制定法律，废除了"收孥（nú）相坐法"，即一个人犯罪不再连累他的家人。此外，他还下令废除了黥、劓、刖、宫四种残损肢体的肉刑。

其三，汉文帝于公元前178年下诏废除了诽谤、妖言之罪，鼓励进谏。

此外，汉文帝还下令将原来归属王室的山林川泽也开放给民间，百姓有愿意来采伐、开矿的，那就来吧。总之，朝廷能不管的就一律不要管，全面贯彻"无为而治"，大搞"简政放权"。

汉景帝在位期间继续推行"无为而治"的执政理念，并进一步加强了中央集权，大力"削藩"。

削弱藩国的行动一般通过下列措施进行：诸侯的封地被分成若干小封地，皇室近亲中的刘氏成员被新立为小封地之王；若某一个国谋反，被镇压后，中央就接管该国的土地，将其化为帝国的郡县；若某王死后无子，没有法定继承人，那么正好"国除"，这个封国就不再设了，封地也随之收归中央。经过文帝一朝，中央政府在"削藩"上已取得一些成果，到了汉景帝时期，朝廷继续缩小诸侯国的领地。

公元前154年，吴王刘濞联合楚、赵等国发动了叛乱，史称"七国之乱"。汉朝名将周亚夫很快平定了"七国之乱"，刘濞兵败被杀。借着平定"七国之乱"的机会，汉景帝将七国彻底废除，其封地全部纳入中央政府的管辖之下。

在平定"七国之乱"后，各诸侯国控制的郡由汉高祖时的42个郡减为26个郡，而中央直辖的郡由汉高祖时的15个增加至44个，汉王朝中央控制的郡数量远远超过了诸侯国控制的郡，这对帝国的政权巩固意义重大。在"削藩"的过程中，汉帝国不仅收回了诸侯国的官吏任免权，还从诸侯国的手中收回了盐、铁、铜等矿产的税收权，诸侯国仅保留"食租税"之权。如此一来，诸侯国的权力被削弱了，而中央权力得以巩固。

文景之治是中国帝制历史上的第一个太平盛世，它主要是通过奉行"无为而治"的执政理念，以轻徭薄赋、减轻百姓负担的治理手段取得的。"无为而治"不是无所事事、放任自流，而是凡事量力而为，顺势而为，不瞎折腾，不扰民，是"简政放权"，是帝制时代难得的"小政府，大社会"。它让我们看到，只要政府不过度地搜刮民脂民膏，能提供人民一个和平安静的生活环境，那么，人民就会主动创富创新，过上安居乐业的美好生活。

西汉乐舞杂技彩绘陶俑。现藏于济南市博物馆。它是一个迷你版的西汉欢歌宴饮场景的再现，所有的歌、舞、杂技、乐、观赏俑和各类乐器，安置在一个长67厘米、宽47.5厘米的长方形陶盘上。陶盘上共有22个陶俑，7个表演者位于陶盘的中心位置，后面是8人（缺损了一个）乐队，两侧是7个观赏者。这件西汉乐舞杂技陶俑表现的内容虽然复杂，但是布局井然有序，人物主次分明。观众、乐队、表演者之间的安排非常合理，对于研究汉朝的音乐、舞蹈、杂技、雕塑等具有重要意义。

刘邦的"易太子"风波

人物故事

刘邦的皇后是吕雉,但他最宠爱的女人却是戚夫人。戚夫人生了个儿子,取名刘如意,封为赵王。出于爱屋及乌的心理,刘邦觉得他跟吕雉生的太子刘盈不那么如意,就想着废掉太子刘盈,改立赵王刘如意为太子。

刘邦在朝廷上提出改立太子的想法后,遭到了大臣们的一致反对——因为废长立幼不符合礼法。其中,御史大夫周昌争得最激烈,他口吃,又盛怒,说:"臣口不能言,然臣期期知其不可!陛下欲废太子,臣期期不奉诏!"朝堂之上,刘邦看着他结结巴巴说话的样子,笑了,废太子之事暂时不提了。吕后在东厢房侧耳偷听了刘邦与大臣的易太子之争。下朝之后,吕后跪谢周昌,说:"微君,太子几废。"(如果不是您力争,太子就要被废掉了。)

刘邦欲废太子,吕后最为惊恐,但又不知所措。这时就有人给吕后出主意,说:"张良有谋略,皇上又信任他,可向他求救。"于是吕后跟张良说:"您一直以来就是皇上的谋臣，现在，皇上天天想着换太子，您怎么还不想办法劝阻呢？"

张良说："当初，皇上处于困苦之中时采纳过我的建议，也确实幸运地渡过了危难。可是，现在天下安定了，皇上因为宠爱戚夫人而要换太子，这是皇帝的家事。对于这种骨肉之间的纷争，我们这些大臣想阻止也阻止不了呀。"

吕后坚持让张良出谋划策。

张良说："这事光用口舌去争是不管用的，得请商山四皓出面才行。"商山四皓是四位著名的隐士，刘邦非常看重这四个人，一度想请他们出山，可这四人因为刘邦轻慢士人而不肯做汉臣。于是张良建议，让太子言辞谦卑并准备厚礼去请商山四皓，如果商山四皓能做太子的门客，就请他们四人跟太子一块上朝，让刘邦看见，这样才能巩固太子的地位。

一切按照张良的谋划去做，太子果然请商山四皓做了门客。

公元前196年，英布谋反。当时，刘邦正在生病，就想派太子刘盈带兵去攻打英布。商山四皓知道此事

第二章 | 西汉初建

后立马劝阻太子,说太子带兵打仗,立了功对继承皇位没帮助,一旦失败了却要惹祸上身。而且,太子所要统领的诸将,都是跟皇上一起打天下的猛将。让太子去统领他们,就像让绵羊去统领恶狼,他们肯定不听太子的调遣,太子出征失败几乎是一定的。然后,商山四皓又建议吕后找机会去跟刘邦哭诉,把这番道理说给他听。

吕后听从了商山四皓的指点,去找刘邦哭诉。刘邦果然取消了让太子带兵出击英布的动议,改由自己抱病亲征。

就在攻打英布的过程中,刘邦"为流矢所中",中箭了,"病甚",本来就有病,这下病得更厉害了。病重之际,他还想废掉太子,改立赵王刘如意。这次,刘邦就连张良的劝谏都不听了。当时,叔孙通是太子刘盈的老师,他以死劝谏,跟刘邦说:"臣愿伏诛以颈血污地。"意思是,你要非得换太子,请先把我杀了。话说到这个份儿上,"上阳许之",刘邦表面上答应叔孙通不换太子了,但心里还是想换。

在最关键的时刻,商山四皓登场了。刘邦举行国宴,太子刘盈带着商山四皓一块去参加。这四个人都八十岁以上，"须眉皓白，衣冠甚伟"，胡子眉毛都白了，但是气场极强，仙风道骨，一看就不是凡人。对朝中的大臣刘邦都认识，今天突然多出这样四个仙人一般的人，刘邦感到很奇怪，就问："何为者？"你们四个是谁呀，我咋不认识呢？四个人上前报出了自己的身份和名字：东园公唐秉、甪（lù）里先生周术、绮里季吴实、夏黄公崔广。

刘邦一听，哎呀，这不就是传说中的商山四皓吗？他非常震惊，说："我请四位出来辅佐大汉，你们逃避了，不肯做汉臣。现在四位老人家为何肯跟我儿子交友，愿意辅佐他？"

商山四皓回答："陛下您轻慢士人，还爱骂人。我等坚决不肯受这样的侮辱，因此就逃到山里藏了起来，不肯做汉臣。现在，太子有仁孝之德，对待士人有恭敬、爱护之心，天下之人都愿意为太子效命，所以我们四个就来了。"

刘邦说："那就麻烦四位老先生好好地调教、辅佐太子吧。"

第二章　西汉初建

商山四皓给刘邦敬过酒之后就离去了，离开时，"上目送之"，刘邦一直目送着他们离开大殿。然后，他叫来戚夫人，指着商山四皓的背影说："我是要换掉太子，可就连商山四皓这样的老先生都辅佐太子，这说明太子羽翼已丰，难以撼动他的地位了。"

戚夫人一听，知道自己的儿子当不上太子了，就再次"泣涕"，流下了伤心的泪水。

从此之后，刘邦才断绝了换太子的念头。

易太子风波看似就这样结束了，其实没有，更惨烈的斗争还在后头。

经过易太子风波，吕后与戚夫人结下了很深的梁子。凭着对吕后的了解，刘邦知道她日后可能会陷害戚夫人和赵王刘如意。自己活着，是这对母子的保护伞。若自己死了，谁还有能力保护这对母子呀？这个问题给刘邦造成了巨大的心理阴影。对于自己心爱的女人和儿子，让他们将来贵为太后、皇帝不成，总得让他们未来免于屠戮吧？

可是，刘邦最终也没能保护得住心爱的女人和儿子。

刘邦对戚夫人和赵王刘如意的政治安排是这样的：他

选周昌做赵相辅佐赵王刘如意。这么做的深意在哪里？其一，周昌非常正直，是公认的模范大臣，让他辅佐赵王，刘邦自己放心。其二，当年要废掉太子刘盈时，周昌曾力争，吕后还为此跪谢周昌。周昌对吕后和太子有恩，吕后日后若想陷害赵王，周昌挺身相救时，吕后或许会给周昌面子。其三，周昌是朝廷的御史大夫，素受朝臣敬重，在中央政府有极高的声望和广泛的人脉。有周昌辅佐赵王，赵王与朝廷方方面面打交道就方便些。

从这番煞费苦心的安排中，我们可以窥探到易太子风波给刘邦造成了很大的心理阴影。可是，刘邦的安排奏效了吗？有了周昌的保护，戚夫人和赵王刘如意真的就能安全吗？

显然不能。刘邦对戚夫人和赵王刘如意的政治安排在吕后的残酷陷害面前简直不堪一击。

刘邦驾崩后，吕后掌握了朝廷大权。掌权之后，吕太后立即报复戚夫人，剃掉她的头发，让她穿上红褐色的囚服，将其囚禁在监狱中，让其舂米。

囚禁了戚夫人之后，吕雉召赵王刘如意入朝（此时刘如意已经离开京城到了赵地）。周昌确实想保护赵王，吕太后派使者召赵王三次，都被周昌挡驾了。他说，赵王年少，高帝托付老臣我保护他。我听说太后怨恨戚夫人，想要召赵王入朝，将他们母子一起杀掉，因此我不能让赵王入朝。而且，赵王正生病，不能奉诏入朝。

当年跪谢过周昌的吕后现在变成了吕太后，身份一变，翻脸不认人。她听说周昌阻止赵王刘如意入朝，"大怒"，随即派使者召赵相周昌入朝——你不让赵王入朝，那你自己来吧。待把周昌从赵王刘如意的身边调离后，吕太后再召赵王刘如意入朝。这回没有周昌挡驾了，赵王刘如意只好入朝。

汉惠帝刘盈仁慈，想保护弟弟，就将赵王接到自己的宫中，与这个弟弟一起饮食起居。如此一来，吕太后即使想杀赵王也没有机会。

可是有一天，汉惠帝早晨起来外出射箭健身。刘如意年龄小，贪睡，没有跟着皇帝哥哥一块早起健身。就这一会儿的工夫，吕太后就趁机动手了，她立即派人用鸩酒毒死了刘如意。等汉惠帝晨练回来，发现刘如意已经死了。

毒死刘如意后，吕太后砍掉了戚夫人的手脚，挖去了眼睛，熏聋了耳朵，还给她吃了变哑的药，让她住在厕所里，说是"人彘"，也就是"人猪"的意思。更恶毒的是，几天之后，她还召汉惠帝去观看"人彘"。汉惠帝见后一问才知，所谓的"人彘"竟然是曾经深受老爸宠爱的戚夫人！

汉惠帝万万没想到老妈竟然这么残忍，心理受刺激太大了，"乃大哭，因病，岁余不能起"，病了一年多。他派人跟吕太后说："您干了这么伤天害理的事，我作为您的儿子，哪里还有资格治理天下？"汉惠帝本来以仁孝著称，可吕雉确实太残忍了，竟惹得仁孝的儿子说出这么绝情的话。此后，汉惠帝天天饮酒淫乐，"不听政"，失去了当皇帝的兴趣，健康的身体也随之垮掉。六年之后，汉惠帝驾崩，年仅22岁。

为了将大权牢牢地控制在自己以及吕家人的手里，吕雉在迫害完戚夫人和赵王刘如意后，又将陷害、杀戮的对象转移到刘邦的其他子侄身上。刘氏宗室及诸多元老功臣相继遭到残酷打击和血腥清洗。

可以说，刘邦晚年"易太子"的心理阴影，经过一次次发酵,变成了大汉王朝的一场残酷的宫廷争斗,此事不但导致了戚夫人和赵王刘如意的惨死,而且还开启了汉王朝外戚擅权的序幕。

> **知识贴士**
>
> **汉初三杰**

汉初三杰指的萧何、张良、韩信三人,这三位是西汉王朝的开国功臣。

萧何是刘邦的同乡,他早年曾任秦朝的沛县狱吏(监狱中管理犯人的小吏)。刘邦起义反秦后,萧何一直辅佐刘邦。萧何慧眼识人,在刘邦还是平民时就知道他是只"绩优股",与之交好。在韩信还默默无闻时,他就看出其有卓越的军事才能;当韩信因得不到重用而要离开汉军时,萧何连夜将其追回,这就是著名的"萧何月下追韩信"的故事。追回韩信之后,萧何又把他举荐给了刘邦。这样,韩信才当上了大将军。

萧何是西汉名相。公元前202年,刘邦率军攻克秦朝都城咸阳后，其他将领都去争夺财宝，只有萧何在一片混乱之中接管了秦朝的律令、图书和户籍资料，这对日后治理朝政起到了非常重要的作用。西汉王朝建立后，萧何参考秦朝的法律规章，制定了汉朝的各项制度。

张良是秦末汉初最著名的谋士，他的祖先五代都当韩国丞相，所以他对韩国有很深的感情。秦国灭韩后，张良曾用重金收买刺客在博浪沙击杀秦始皇，可惜没有成功。加入刘邦的团队之后，张良成了刘邦最倚重的"智囊"。在伐秦和楚汉相争的诸多关键时刻，刘邦都是因为听了张良的建议而转危为安、化险为夷的。西汉王朝建立之后，张良被封留侯，但他不贪恋权力，选择功成身退。

韩信是中国历史上杰出的军事家，他熟谙兵法，用兵灵活，自言用兵"多多益善"，可以说将兵法运用得出神入化。他率军出陈仓、定三秦、擒魏、破代、灭赵、降燕、伐齐，直至垓下之战一举全歼项羽的楚军，在楚汉战争中立下了赫赫战功。当时的人就用"功高无二，略不世出"来评价韩信卓越的才华和战功。西汉王朝建立后，韩信因"功高震主"而遭到刘邦的疑忌，最后被处死。

对于萧何、张良、韩信这三位为西汉王朝建立过不朽功勋的人,刘邦曾在一次大宴群臣的酒会上说:"夫运筹帷幄之中,决胜千里之外,吾不如子房(张良);镇国家,抚百姓,给馈饷,不绝粮道,吾不如萧何;连百万之军,战必胜,攻必取,吾不如韩信。此三者,皆人杰也,吾能用之,此吾所以取天下也。"意思是:要论在大帐之内出谋划策,将谋划部署下去就能在千里以外的战场打胜仗,这方面我不如张良;若论治理国家,安抚百姓,保障军队的粮草供给,这方面我不如萧何;若论统领百万大军,打仗一定取胜,攻城一定成功,我不如韩信。这三个人都是人中豪杰,我能重用他们,这是我取得天下的原因。

我们从刘邦对汉初三杰的评价中可以得到启示:好的领导并不需要方方面面都强过下属,能发现人才、重用人才,才是一位好领导的关键本领。

观点提炼

西汉王朝政权合法性的构建

秦始皇统一六国之后,他觉得自己的功劳超过了历史上的"三皇五帝",自称"皇帝"。不仅如此,他也不满足于有期限的执政,而要无期限执政,"朕为始皇帝,后世以计数,二世、三世,至于万世,传之无穷。"按照他的构想,秦既然能以武力统一六国,就能靠武力维系自己的政权,且"传之无穷"。这种简单、粗暴的思维方式与秦朝一贯奉行的法家治国理念是一致的。另外,秦始皇残酷、骄纵的性格也让他把武力当作维护政权合法性的重要力量。

刘邦经历了秦朝从统一到崩溃的全过程,且参与到了反秦运动之中,他对秦朝统治的种种弊端有着深刻的感性理解。刘邦建立汉朝之后,吸取了秦朝灭亡的种种教训,其中也包括政权合法性的建构问题。概括地讲,刘邦对汉朝政权合法性的建构基本上是通过两个方面完成的,一个是编造谎言,另一个是实行"文治"。

先看刘邦是如何编造谎言的。《史记·高祖本纪》

第二章 西汉初建

说："高祖，沛丰邑中阳里人，姓刘，字季。父曰太公，母曰刘媪。其先，刘媪尝息大泽之陂，梦与神遇。是时雷电晦冥，太公往视，则见蛟龙于其上。已而有身，遂产高祖。"这段记述，前半部分是写实：刘邦是江苏沛县中阳里人，他爹叫刘太公，他妈叫刘媪。从他爹妈的名字就可看出，刘邦是个出身低微的人——爸爸、妈妈连个正经的名字都没有。这样一个底层人家的孩子凭啥后来能当上皇帝呢？后半部分就给出了解释：刘媪在野外睡觉的时候梦见了神，当时电闪雷鸣，天显异象。刘太公去的时候看见有一条蛟龙趴在刘媪的身上。随后，刘媪怀孕，生下的孩子就是刘邦。这段记述明白无误地告诉我们，刘邦天生就不是凡人，而是龙种。既然是龙种，那日后当上皇帝不是天经地义之事吗？

为了佐证刘邦是龙种，史书上还记述了发生在刘邦身上的其他异象，如"隆准而龙颜，美须髯，左股有七十二黑子"，这个谎言好理解，既然是龙种，那长得就得跟龙有点相似。还有"常从王媪、武负贳（shì）酒，醉卧，武负、王媪见其上常有龙，怪之"，这是说喝醉酒的时候，真龙显原形了。刘邦遇蛇挡路，拔剑斩蛇。

结果，有一老妪说，刘邦所斩之蛇是白帝子，"今为赤帝斩之"，这等于告诉人们：刘邦就是赤帝，是天龙下凡。刘邦斩蛇起义之后，为逃避秦朝官府的追杀，曾"隐于芒砀山泽岩石之间"，官府找不到。可刘邦的老婆吕雉就能找到，找到的原因竟然是"季所居上常有云气，故从往，常得季"，说刘邦所在地方的上空有云气，这云气就是吕雉的导航仪，所以她能轻易找到刘邦。

不要小看了刘邦身上这些有关龙种、龙颜、七十二黑子、云气等神乎其神的传说，它们既然被当作正史记载下来，就足以说明刘邦有意通过权威机构来发布这些谎言。这些谎言一遍遍地重复，最后竟然成了"主流叙事"和"主流史观"。俗话说，谎言重复一千遍就变成了真理。在刘邦身上，我们看到谎言重复一千遍虽然仍是谎言，但是这些谎言帮助他完成了政权合法性的建构。换言之，谎言是假的，但它在历史上起到的作用却是真的。

编造谎言之外，还要有"文治"理论来为政权寻找合法性的依据。为西汉政权提供"文治"理论的人是陆贾。陆贾曾追随刘邦平定天下，他有出色的口才，曾成功地说服南越王尉佗归顺汉朝。陆贾是儒生，常在刘邦面前

"称诗书"。刘邦向来看不起儒生,遂骂之:"乃公居马上得之,安事诗书。"老子的天下是靠马上征战得来的,哪里是靠谈诗论书得来的!

陆贾回答:"马上得之,宁可以马上治乎?"您从马上夺得天下可以,难道治理天下也靠马上功夫吗?

反问之后,陆贾用历史上正反两方面的事例进行论证,告诫刘邦,秦朝的武力很强大,可秦始皇一味地迷信武力,靠严刑峻法来治理国家,结果很快就灭亡了。假使秦在统一了六国之后实行仁义之道,陛下还能有机会得到天下吗?

刘邦被陆贾说服了,他让陆贾著书,专门论述"秦所以失天下,吾所以得之者"的原因。陆贾连续写了十二篇文章,结果"每奏一篇,高祖未尝不称善"。陆贾所写的这十二篇文章结集成书,是为《新语》。

按照陆贾的说法,秦朝之所以灭亡,既因为它的统治者傲慢自大、奢侈无度,亦因为它的治理手段过于严酷残暴,不近人情。《新语》强调,帝国一定要积极地推行仁政,帝王要尽力效法古代优秀帝王,要乐于倾听大臣们的批评意见,要关心臣民的福祉。帝国政府不可迷信严刑峻法，而必须重视伦理道德的价值，并把"文治"作为实现国泰民安最主要的手段。

政权合法性问题从来就不是字面上的逻辑推演问题，而是一个政权如何优良治理以实现国泰民安的问题。政权合法不合法，很多时候不能光看如何得到政权，还要看政权的治理成效——百姓在你的王朝能安居乐业，他们就认可你的政权，只要百姓认可了，你的政权也就合法了；相反，如果你的政权不能给百姓福祉，不能赢得人民的认可，那么你的政权就不合法。这是政权合法性在治理层面的实践逻辑，这个逻辑很朴素，却最关键。

汉朝继承的完全是秦朝的帝国制度，但它在构建政权合法性这个问题上显然比秦朝技高一筹。秦朝治国全靠武力，而汉朝则在武力建国之后，迅速转到"文治"的轨道上来。正因如此，汉朝成功地避免了秦朝的短命悲剧，并将帝国制度一步步地稳定、完善起来。

（扫码了解长沙马王堆汉墓）

| 第三章 |
汉武帝简史

历史现场 汉武帝时代

公元前 141 年，47 岁的汉景帝刘启驾崩，太子刘彻即位，是为汉武帝。

汉武帝即位时，窦太后尚在，且掌控朝廷。窦太后是汉文帝刘恒的皇后、汉景帝刘启的生母、汉武帝刘彻的祖母，她尊崇道家思想，不仅要求汉景帝学习道家学说，而且还阻止朝廷重用儒家学者。面对如此强势的祖母，汉武帝也没办法贯彻自己的主张。

关于窦太后之强势，我们可以通过下面一则小故事来了解。汉景帝时期，有个儒家学生叫辕固生，他善于研究《诗经》，做了博士。当时，窦太后喜欢道家思想，就叫来辕固生，问他读《老子》一书的体会。辕固生推崇儒学，对道家学说看不上眼，就说："黄老之学卑之无甚高论，格局太小了。"窦太后听后大怒，就命令辕固生去野猪圈里刺杀野猪。意思是，在你们儒生嘴里，就儒家的诗书厉害,那就让我看看,野猪会不会买你们儒家诗书的账?

汉景帝知道太后发怒了,而辕固生也没有罪过,所以就偷偷地塞给了他一把锋利的匕首。辕固生进入野猪圈,一刀刺中了野猪的心脏,野猪倒地而死。太后见状,只得作罢,没再治辕固生的罪。

公元前135年,窦太后去世。直到这时,汉武帝才真正亲政。

亲政之后,汉武帝接受大儒董仲舒的建议,"罢黜百家,独尊儒术",以儒家思想为主流意识形态。需要说明的是,汉代的儒家已不是孔孟时期的儒家了。经过董仲舒的改造,汉代儒学掺杂了五行相生相克的学说,形成了一套天人感应的理论。

宣布儒家思想为国家的主流意识形态之后,汉武帝又于公元前136年在朝中设立了"五经博士",随后又开创"太学",这些举措使儒家学者有了参政议政的权利,也为国家培养了大批有儒学背景的官员。

与道家主张"无为而治"相比,儒家思想强调"君臣大义",主张采用一系列积极的行动来实现"治国平天下"。所以，儒家不仅比道家更长于论证政权的合法性，而且更有利于君王高效地整合资源，"集中力量办大事"。

　　果然，汉武帝当政期间，加快了中央集权的步伐。刘邦建立西汉之后，曾分封过七个异姓王。随后，刘邦觉得异姓王对自己的皇位是个巨大的威胁，于是就以谋反、叛乱等罪名清除了异姓王。清除异姓王之后，刘邦将除太子之外的儿子封王，是为同姓王。刘邦以为，同姓王都是刘姓自己人，他们应该不会干谋反、叛乱之事。岂不知，同姓王势力坐大之后，也会挑战中央的权威，也会起兵造反。在汉景帝统治时期，吴王刘濞因不满朝廷削弱诸侯王的权力，就联合楚王刘戊、赵王刘遂、济南王刘辟光等七个同姓王，发动了叛乱，史称"七国之乱"。后来，汉朝名将周亚夫率军平定了七国之乱。汉武帝为了彻底解除诸侯王势力过大的威胁，接受了主父偃的建议，于公元前127年颁布"推恩令"，命令各诸侯王不得再将全部封邑传给唯一的嫡长子，而是划分为若干块，分给所有的儿子。如此一来，原来很大的诸侯国被分为若干小诸侯国，就再也没有力量对抗中央了。

第三章　汉武帝简史

公元前112年，汉武帝制造了著名的"酎（zhòu）金夺爵"事件。汉代诸侯在供奉皇室的宗庙中祭祀时，要给祖先敬酒，这种敬献给祖先亡灵的酒质量当然要好。那什么样的酒才算好酒呢？在古代多次酿造的酒就叫"酎"。汉代诸侯祭祀祖先，光敬献美酒还不够，还要献上成色十足的黄金，以表达对祖先的敬意。随同酎酒一起献给祖先亡灵的黄金，就叫"酎金"。

汉文帝执政时规定，每年八月在首都长安祭告祖庙，各诸侯王和列侯献酎时，要按封国人口数献上一定数量的黄金（每千人献金四两）助祭。诸侯献酎金时，皇帝亲临受金。如发现黄金的重量或成色不足，则要受罚，诸侯王削县，列侯免国。这种有关酎金的法令称为"酎金律"，各诸侯国所献酎金的数量也是按照汉文帝时各诸侯国的人口核算出来的。核算出来之后，各诸侯国就一直按照这个数字向朝廷上交酎金，时间一长，大家也就习以为常了。可是，按照规定，酎金数是与封地内的人口数挂钩的。汉代的人口是不断增加的，到了汉武帝时期，各诸侯封地内的人口比汉文帝时期增加了很多，可诸侯王所交酎金还是原来的数额。汉武帝从中看到了

西汉错金银虎形带钩。现藏于中国国家博物馆。设计十分巧妙，钩体为一只昂首阔步的老虎，气韵生动，虎身镶嵌形状各异的金银片，利用金属的不同光泽来表现老虎华丽斑斓的皮毛。虎尾卷曲呈钩状，用于钩系腰带，兼具审美性与实用性。（图片来源：视觉中国）

打击削弱诸侯的机会，他在公元前112年突然发难，以所献酎金数额欠缺和成色不足为由，问罪众诸侯，说酎金是敬献给祖先的，你们竟敢如此怠慢！你们如此不忠不孝，还配做大汉王朝的诸侯吗？借着此事，汉武帝一次就夺去了106人的爵位。至此，汉初以来诸侯王割据一方的情况彻底宣告结束。

第三章 | 汉武帝简史

如果说对内加强中央集权是汉武帝的"文治"的话，那么征讨四方就是汉武帝的"武功"了。凭着西汉王朝强大的国力，汉武帝在对外关系中一改前朝的防御策略，转向积极进攻。他先平定了南方闽越国的动乱，征服了现在的浙江、福建等沿海地区，随后又吞并了现在的广东、广西及越南北部地区。南方平定之后，他于公元前128年至公元前119年的十年间连续发兵进攻匈奴，夺取了今天内蒙古的河套地区，控制了河西走廊，将汉朝的北部边疆推至漠北。

在对匈奴的作战中，汉武帝并非一味进攻，也在寻找一些盟友。他于公元前138年派遣张骞出使西域，目的是联合西域的大月氏，一块夹击匈奴。张骞在出使的过程中一度为匈奴人所俘虏，历经艰辛才到达大月氏。可是，大月氏已经西迁至今天的阿富汗一带，并建立了贵霜帝国，不想再卷入中亚的战事了。

张骞于公元前126年返回长安，向汉武帝汇报了他出使西域的全过程及西域各地的风土民情。汉武帝遂对西域地区有了极大的兴趣，随后通过军事行动将西域并入汉朝版图，并于公元前121年在河西走廊上设立了武威、酒泉两郡，后又增设张掖、敦煌两郡，将长城延伸至玉门关一带。

汉武帝派兵东征西讨的军事行动，有些是必要的，但有些是不必要的。即便是一些必要的战争，如讨伐匈奴，也不需要倾全国之力，付出那么惨重的代价。比如，公元前119年那次进攻匈奴，汉军取得了重大胜利，霍去病大破匈奴，封狼居胥，即登狼居胥山筑坛祭天以告成功之事。可是这次战争中，出塞前汉军所带马匹14万匹，入塞时还剩不到3万匹，损失之惨重可见一斑。此后，汉军再也无力发动对匈奴的大规模进攻了。

匈奴的人口和实力大约只相当于汉朝的一个郡，而且"其地不可耕而食，其民不可臣而畜"，根本不值得花费那么大的力气去征讨。对此，就连对汉武帝评价甚高的班固都在《汉书·匈奴传》中称："当孝武时，虽征伐克获，而士马物故亦略相当。虽开河南之野，建朔方之郡，亦弃造阳之北九百余里。"意思是汉武帝征伐匈奴虽然取得了军事上的胜利，但汉朝人、财、物的损失也与匈奴大略相当。汉朝夺取了黄河以南的河套地区，在那里建立了朔方郡，可是也不得不把造阳（今河北张家口）以北的九百余里土地让给匈奴。"建朔方郡"和"弃造阳地"均发生在公元前127年。当时，主父偃提议要建朔方城，用作对匈奴作战的粮草转运基地。此事在朝廷讨论时，大臣们都认为不可行，但"上竟用偃计，立朔方郡，使苏建兴十余万人筑朔方城"。结果，朔方郡建设之时及建成之后，"转漕甚远，自山东咸被其劳，费数十百巨万，府库并虚"，朔方郡的建设耗资甚巨，原有的国防开支越发捉襟见肘，不得已，"汉亦弃上谷之斗辟县造阳地以予胡"。整个过程等于白忙活了一场，劳民伤财，属于典型的"瞎折腾"。对于汉武帝的开边战争，唐朝的李华写过一篇《悼古战场文》，其中直言："汉击匈奴，虽得阴山，枕骸遍野，功不补患。"此等结论可以说是诸多史学家的共识。

　　汉武帝在位期间穷兵黩武，这是一把双刃剑，它既使汉朝的国威达到了最高点，但同时也耗空了国库，引发了财政危机，中央财政由他即位之初的"京师之钱累巨万，贯朽而不可校"变为入不敷出。为了应对财政危机，汉武帝想尽办法，凡是能为政府增加财政的招数一律采纳，包括公然卖官鬻(yù)爵。其中一项重要措施就是实行国家盐铁专卖制度,把煮盐、冶铁、铸造钱币等几项高利润行业的生产、销售活动控制在朝廷手中。稍后,又将酒类列入国家专卖的范围。

汉武帝还任用桑弘羊、东郭咸阳、孔仅等敛财高手做官,令其替国家敛财。这些人果然身手了得,很会"与民争利"。尤其是桑弘羊,他后来官至大农丞,掌控财权20多年,用尽一切手段敛财,"尽笼天下之货物,贵即卖之,贱则买之"。至此,国家成了最大的商人,富商大贾的牟利空间被大大压缩。

汉武帝还施行"算缗(mín)告缗"的征税办法,设法将商人手中的钱财搜刮到国库之中。算缗是国家向商人征收的一种财产税;告缗是国家对商人隐瞒资产、逃避税收的惩罚措施。这项措施从公元前119年开始颁布,商人被要求主动申报财产并交纳财产税,并规定凡二缗(一缗为一千钱)抽取一算,即一百二十文(一说二百文)。而一般小手工业者,则每四缗抽取一算。若敢有隐瞒不报或呈报不实的,查实后要罚戍边一年,并没收其财产。同时重奖告发,告发他人隐瞒财产者,政府赏给告发者没收财产的一半,这叫作"告缗"。这两项措施一开始因朝臣的反对,并没有得到有力推行。待桑弘羊出任大农丞后,算缗告缗迅速在全国展开。"告缗"因有奖励告密的实际效果,与儒家的"仁政"理念相抵牾,所以仅仅施行了三年就停止了。可是,仅仅三年的时间,中等以上的工商业者就因"告缗"纷纷破产。政府没收的土地,大县数千顷,小县百余顷。此外还有大量的房屋、奴婢,大批工商业者的财产就此转移到国库之中。

可以说,汉武帝之穷兵黩武与搜刮民脂民膏之间有着密切的因果关系,两者叠加在一起,几乎翻转了文景之治时期"与民休息"的"仁政"方向,又退到了秦朝时严刑峻法的治国路径上。

除了穷兵黩武和疯狂敛财之外,汉武帝另一饱受诟病之事就是惑于方士,费巨资求仙,妄图长生不老。

儒家宗师孔子提出要"不语怪力乱神","敬鬼神而远之",可以说,孔子对待鬼神,强调的是祭祀时所激发出的诚敬之心,而非鬼神本身。汉武帝虽然口头上尊崇儒术,却在实际生活中大搞求仙活动,一次又一次地上当受骗;先后有李少君、少翁、栾大、公孙卿等方士通过忽悠汉武帝而谋得高官厚禄，栾大甚至被封乐通侯，并娶了卫长公主。汉武帝之封禅泰山，也是惑于方士之言，想要通过这种方法长生不老。历史学家吕思勉说："终武帝世，方士之所费，盖十倍于秦始皇，况又益之以事巡游、修宫室邪？"

汉武帝求长生不老不得，反倒招致了巫蛊之祸。汉武帝一方面求神求仙，幻想着长生不老，但另一方面又疑神疑鬼，疑心颇重，所以他一面将很多巫师、方士等旁门左道之人招至长安，一面又给了小人挑拨离间之机会。

公元前92年，住在建章宫的汉武帝看到一个男子带剑进入中龙华门，怀疑是不寻常的人，遂命人捕捉，却未能擒获。汉武帝大怒，将掌管宫门出入的门候处死，随后征调三辅地区的骑兵对上林苑进行大搜查，并下令关闭长安城门进行搜索，十一天后才解除戒严，巫蛊事件就此拉开了序幕。

巫蛊是巫术的一种，其做法为：将三只毒蛇或毒虫放在一个器皿之中，让它们互相吞噬，最后活下来的那个就叫蛊，其毒性最强。巫师以蛊为道具去诅咒对手，或将对手做成木人、画像等形象，与蛊一起埋于地下，

第三章 汉武帝简史

以达到恶毒诅咒之效果。

丞相公孙贺之子公孙敬声擅自挪用军费，事败后被捕下狱。当时，汉武帝正下诏通缉阳陵大侠朱安世，公孙贺为赎儿子之罪，将朱安世捕获，企图为儿子赎罪。孰料朱安世在狱中上书，声称公孙敬声与阳石公主私通，在驰道上埋藏木人以诅咒皇帝。汉武帝本来就迷信神神鬼鬼，最怕被诅咒，听说此事后大怒，下令将公孙贺父子满门抄斩。

当时，因皇帝本人爱搞求仙活动，皇宫中的许多宫女也纷纷效仿，一些女巫来到宫中，令嫔妃、宫女在屋里埋木头人进行巫术活动。宫中女人相互妒忌，就纷纷告发对方诅咒皇帝，借此打击对手。汉武帝将被告发的人全部处死，一共杀掉妃嫔、宫女及受牵连的大臣数百人。

发现有人真的用巫蛊之术诅咒自己，汉武帝愈加恐惧。他越是恐惧，越是疑神疑鬼；越是疑神疑鬼，也就越恐惧，由此形成了心理上的恶性循环。由于精神压力过大，他做了一个噩梦，梦见好几千个木头人手持棍棒追击自己。他惊醒之后感到精神恍惚，记忆力大减，身体也不舒服。宠臣江充见有机可乘，便说汉武帝的病是巫蛊之术所致。汉武帝随即派江充去彻查此事。

汉武帝执政讲究严刑峻法，而太子刘据则比较仁慈，对一些处罚过重的案子进行过纠正。太子的做法"虽得百姓心，而用法大臣皆不悦"。于是，宠臣江充想尽办法离间汉武帝和太子之间的关系。此番江充领旨彻查巫蛊之事，正好可用来构陷太子。他带人到各处掘地寻找木头人，一直搜查到皇后卫子夫和太子刘据的住所，并把事先准备好的木头人拿出来陷害太子。

当时，汉武帝在甘泉宫养病，不在长安。太子想面见皇帝不成，遂于愤怒之下抓捕了江充，并将其处死。于是，长安传言太子谋反。事情激化之后，保皇党和太子党各召集军队，在长安大战五日，"死者数万"。最后，太子刘据兵败自杀，皇后卫子夫也自杀。刘据有三子一女，全部因巫蛊之乱而遇害，唯刘据之子刘进有一子刘病已幸存，后改名刘询，也就是后来的汉宣帝。后来，汉武帝悔悟，知道太子无辜，就建了"思子宫"和"归来望思之台"，以表达他对太子的思念和悔过之情。

汉武帝晚年求仙不成，又因巫蛊之祸造成父子相残、太子自杀的人生悲剧。种种打击之下，他对自己的所作所为颇有悔意，遂于公元前89年下《轮台罪己诏》，说："朕即位以来，所为狂悖，使天下愁苦，不可追悔。自今事有伤害百姓，糜费天下者，悉罢之！"意思是：我即位以来，狂妄悖逆，使天下百姓忧愁困苦，现在后悔不及。自今日始，所有损害百姓利益，浪费天下钱财的事情，全部停止！大鸿胪田千秋趁机说："方士言神仙者甚众，而无显功，臣请皆罢斥之！"意思是：方士们说神仙之事，说的人很多，可是都不灵验，我请求把这个也一块"罢斥"。汉武帝这时又恢复了理智，说："大鸿胪所言是也。"于是，方士、巫师之类的人物悉数被罢斥。

后来，汉武帝自己也跟群臣叹息说："向时愚惑，为方士所欺。天下岂有仙人，尽妖妄耳！节食服药，差可少病而已。"意思是：我以前真愚痴，竟然被方士所欺骗。天下哪有什么仙人呀？这不过是一些人的妖言而已。养生之道，不过节制饮食，按时服药，让自己少生病而已。这是两千多年前一个为方士所骗的帝王的真诚心声，里面饱含着血泪教训，大有警世之义。

悔悟之后的汉武帝已然到了他的人生暮年。下"轮台罪己诏"之后两年,即公元前87年,汉武帝驾崩。驾崩之前,他立小儿子刘弗陵为太子。为了防止刘弗陵之母钩弋夫人重演吕后擅权的乱局,汉武帝找借口处死了钩弋夫人,"立其子而杀其母",极其残忍,也极其无奈。刘弗陵年龄太小,只有八岁,不能亲政,汉武帝又托孤于霍光,让他与车骑将军金日䃅(dī)、左将军上官桀、御史大夫桑弘羊等人共同辅佐朝政。

汉武帝刘彻16岁时登基,70岁时驾崩,统治帝国整整54年(公元前141年到公元前87年)。在超过半个世纪的时间里,他东并朝鲜、南吞百越、西征大宛、北破匈奴,在开疆辟土和大扬国威方面功勋赫赫。政治上,他颁行推恩令,解决诸侯王与中央政权相抗衡的问题,巩固了中央集权的帝国制度。文化上,他采用了董仲舒的建议,"罢黜百家,独尊儒术",以儒家思想为主流意识形态,这一点为以后各个王朝所效仿,影响深远。在经济上,他建立盐铁专卖制度,将煮盐、冶铁及货币铸造权等统统收归中央,一改西汉前期奉行的"无为而治"理念,化"小政府,大社会"为"大政府,小社会"。

第三章 汉武帝简史

汉武帝喜欢写诗，饱含感情，很有文艺范儿，但他又穷兵黩武，把几代祖先积累下的殷实国库快速耗空；他曾亲临黄河瓠（hù）子决口处，现场指挥抗洪救灾，并作《瓠子之歌》，很有悲天悯人的亲民风范，可是他又好大喜功，不惜耗费大量的民脂民膏去搞封禅典礼之类的大排场。他选拔人才不拘一格，他的人才团队中，既有董仲舒这样的大儒，亦有东方朔这样的滑稽人物；

西汉载壶彩绘陶鸟。现藏于济南市博物馆。泥质灰陶，鸟形似鸠，昂首短喙，颈、胸、腹部绘赭色鳞状羽纹，双翼伸展，后尾上翘，双腿粗壮，足三爪有距，立长方形朱色平座之上。双翼各载一壶，盖上绘朱色花纹，壶身绘朱色带纹，颈部装饰色彩鲜亮的锯齿纹。鸠鸟又被喻为不噎之鸟，双壶中盛满稀粥，备老人饮用，可见汉代敬老爱老之风非常盛行。整器形态生动逼真，气势古拙凝重，从器型到寓意均有独到之处。

既有汲黯这样的诤臣,又有张汤、周阳由、王温舒这样的酷吏。他在国家意识形态方面推行儒家思想,可本人却经常搞神神鬼鬼的求仙活动,以致一再受骗,留下诸多笑柄。

汉武帝在位时间长,留下的故事多,功绩大,缺点也不少。围绕着他的是是非非,不同的人有不同的看法。即便是公认的史学大家,对汉武帝的评价也难有定论。班固在《汉书》中说他"雄才大略","号令文章,焕焉可述","有三代之风",如"不改文景之恭俭以济斯民,虽诗书所称何有加焉!"评价甚高。可司马光在《资治通鉴》中则毫不留情地给了汉武帝"差评",说"孝武穷奢极欲,繁刑重敛,内侈宫室,外事四夷,信惑神怪,巡游无度,使百姓疲敝,起为盗贼,其所以异于秦始皇者无几矣",即说他的行事作风跟暴虐的秦始皇相差无几。

可以说,在汉武帝身上,几乎集中了帝国体制的所有优点,也几乎暴露了帝国制度的所有弊端。在他的身上,人们既能看到一个领导人的赫赫权威,亦能看到一个专制帝王的刻薄残忍;既能看到一代雄主的英明神武,

第三章 | 汉武帝简史

亦能看到他的利欲熏心与迷信愚昧。从某种意义上说，汉武帝是一个绝佳的样本，里面暗藏着人性复杂幽深的基因密码。

人物故事
汉武帝的外向型人格

外向型人格是英国心理学家丹尼尔·内特尔提出的。他认为，外向型人格的人精力旺盛，雄心勃勃，喜欢追求刺激，渴望得到认可和赞誉，常常被兴奋的感受和环境的变化推动着工作。汉武帝几乎完全符合这些特征。

汉武帝的出生就比较奇特，他的母亲王夫人进宫之前已经嫁作金家妇，且生有一女。可王夫人之母臧儿听算命的说女儿"命贵"，就强行将其从金家夺回，送给皇太子。王夫人与皇太子同床后，"梦日入其怀"，即梦见太阳钻到她肚子里了，就把这个梦告诉了皇太子。皇太子说："此贵征也。"结果还没等刘彻出生，汉文帝就驾崩了，皇太子即位，是为汉景帝。王夫人随后生子，初名彘。他从小就聪颖过人，三岁时，汉景帝抱于膝上，问："乐为天子否？"意思是，你愿意当天子吗？小刘彘回答："由天不由儿。愿每日居宫垣，在陛下前戏弄。"意思是：这个事情要由上天来决定，不是我决定的。我愿意做的是，每天居住在宫中，能天天见到您，并能让您高兴。小刘彘的这个表现让汉景帝心里很高兴，觉得这个儿子不一般。

小刘彘求知欲特别强，记忆力惊人，读古代圣贤帝王的事迹，常常过目不忘，"至七岁，圣彻过人"，汉景帝遂将其改名为"刘彻"。公元前153年，刘彻被封为胶东王。同年，景帝的长子、他的异母长兄刘荣获封为太子。公元前150年，刘荣被废掉太子之位，改为临江王。随后，王夫人被立为皇后，刘彻立为太子。公元前141年，汉景帝驾崩，太子刘彻即位，是为汉武帝。

汉武帝即位时只有十六岁，他喜欢刺激，爱冒险，常常化名平阳侯，于夜晚出宫游猎。第二天黎明的时候，他带领随从"入南山下，射鹿、豕、狐、兔，驰骛禾稼之地，民皆号呼骂詈"。他们驰骋打猎，践踏了老百姓的庄稼地，招致了怒骂。地方官吏曾想抓捕这伙人，结

第三章 汉武帝简史

果他们"示以乘舆之物",拿出了皇帝特有的物件,"乃得免",才免于被拘捕。

汉武帝还曾在夜晚到柏谷(今河南灵宝市西南)这个地方住店,结果住进了一家"黑店"。店主"聚少年欲攻之",想杀人谋财。结果,旅店的老板娘"睹上状貌而异之",感觉汉武帝的相貌不一般,气质异于常人,就对店老板说:"客非常人也,且又有备,不可图也。"意思是,这个客人不是普通人,而且他们又有防备,还是不要攻杀他们了。

店老板不听。老板娘就"饮翁以酒,醉而缚之",把店老板灌醉后绑了起来。如此一来,店老板所召集的同伙才离开。随后,老板娘"杀鸡为食以谢客",好好地招待了汉武帝及其随从。第二天,汉武帝回到皇宫,召见老板娘,"赐金千斤,拜其夫为羽林郎",以表谢意。

外向型人格的典型形象便是游荡者,即绝对不肯做宅男,一定要外出游荡,寻求刺激。汉武帝的表现完全符合这些特征。他是皇帝,"为万乘之尊",理应注重安全,少从事冒险活动,可是他偏偏要从冒险活动中寻求刺激。他不仅爱打猎,还特别爱猎杀熊和野猪等大型猛兽。后经司马相如上书劝谏，才有所收敛。

汉武帝精力旺盛，富有想象力，做事不拘常规。他打算进攻西南夷，需要训练出精良的水军，可长安附近并没有湖泊。他命人凿地蓄水，建造"昆明池"，用来训练水军。他母亲在金家生有一女，是他同母异父的姐姐，此事涉及王太后的婚史，别人都有意隐匿。可汉武帝根本不管这些，坐着天子的车驾直接就到了姐姐家。他怕姐姐逃走，还命令自己的警卫部队围住了金家的宅院。金家人没见过这样的阵势，异常惊恐，他的姐姐躲到了床下，结果还是被找了出来。汉武帝见到姐姐后下车哭泣，说："大姊，何藏之深也！"随后就将姐姐接回皇宫，领着去见老妈王太后，并赐予田宅、奴婢。

卫子夫原本就是一歌妓，地位微贱，但汉武帝还是将其立为皇后；李延年的妹妹本来是娼女，但因有倾国倾城之貌，汉武帝也照样笑纳。李夫人死后，他还思念不已，作赋曰："秋气潜以凄泪，桂枝落而销亡。""是邪，非邪？立而望之，偏何姗姗来迟！"从这些事可以看出，汉武帝是一个感情非常丰富的人，他不愿意被条条框框所束缚。他甚至可以在厕所里见大将军卫青。可是，面对屡屡直言上谏的大臣汲黯，他又十分害怕，非衣冠整齐不敢相见。

外向型人格当然对汉武帝的政治活动有影响。我甚至认为，汉武帝之所以不断地四处征伐，其实就是他外向型人格的一种政治延伸。他不断发动战争，用的不是理性思维，算的也不是经济账和社会账，而是所谓的政治账。这种政治账往好里说就是要一种大国威严，向外界宣誓"犯我强汉者，虽远必诛"；往坏里说就是汉武帝要通过不断地发动战争，用开疆辟土的方式来"刷存在感"。发动战争很刺激，战争取得了胜利，对汉武帝而言就是一项极大的功业，他在这种外界的"事功"中得到了荣誉和满足。汉武帝曾对大将军卫青说："一不出师征伐，天下不安。"此等言论恰好暴露了他外向型人格的一个重大的弱点：他的内省功夫不够，无法安心，所以就必须通过外部的不断挑战和刺激来消耗旺盛的精力，这便是今人所说的"将内在问题外向化"。

汉武帝读过古代贤君的故事，也崇尚儒家思想，他也想着做圣贤君王，可惜他的道德修为不够格。不够格怎么办呢？那就只好装样子，在外部做点表面功夫。结果诤臣汲黯一语就点中了汉武帝的死穴，他说："陛下内多欲而外施仁义，奈何欲效唐虞之治乎！"意思是，陛下您内心多欲多求，外表却要做出施行仁政的样子，还想成为尧、舜那样的圣贤君王，这怎么可能呢！汲黯不愧是有名的诤臣，他对汉武帝的评价真的是一语中的。

知识贴士
丝绸之路与河西四郡

在中国古代，今天甘肃阳关和玉门关以西的地方被称为西域。西汉初年，匈奴控制了从中原到西域的通道。

汉武帝时期，西汉王朝大举进攻匈奴。此时，汉武帝听说西域的大月氏曾受到过匈奴的侵犯，于是就想联合大月氏一块夹击匈奴。为了取得与大月氏的联系，汉武帝派遣张骞在公元前 138 年出使西域。

张骞率领 100 余人从长安出发，向西挺进，结果在途中被匈奴俘获，滞留了十年。后来，张骞他们逮着个机会逃脱了，继续向西域进发，到达了大宛（今乌兹别克斯坦）。在这里，张骞了解到，大月氏已经西迁，不想再攻打匈奴了。张骞没有达到联合大月氏的目的，只得东返，返回的途中又被匈奴扣留了一年多。幸好后来赶上匈奴内部大乱，张骞趁机逃脱，回到长安。汉武帝从张骞口中知晓了西域的相关信息后，决定对西域用兵，将其纳入大汉的疆域。后来，卫青、霍去病指挥汉军击败了匈奴，彻底控制了河西走廊地区。公元前121年，汉武帝在河西走廊上设立酒泉郡、武威郡，后又增设张掖郡、敦煌郡。这就是有名的河西四郡。

设立河西四郡后，中原和西域之间的往来就更方便了。汉朝的使者、商人不断西行，西域的使者、商人也纷纷东来。沿着河西走廊，中原的物资（如丝绸）远销到西亚和欧洲，而西域的物资也通过这条商路卖到了中原地区。我们今天常吃的葡萄、石榴、香菜、芹菜、黄瓜等，就是在汉代通过这条通道被引进到中国的，这条通道就是著名的丝绸之路。

丝绸之路是古代中国与世界交往的重要通道，它的起点是长安（今西安），终点是罗马，全长6440千米。丝绸之路把中国与东南亚、西亚、欧洲等地连接了起来。

鸳鸯莲瓣纹金碗。现藏于陕西历史博物馆。纯金，有两件，两碗造型、纹饰相同，区别在于内壁分别写着九两半、九两三。金碗上立体感很强的花瓣，是锤打出来的，这种技术从西域经丝绸之路传入长安，但在制造过程中加入了中国人的审美。（图片来源：视觉中国）

沿着这条通道，中国的丝绸、茶叶、瓷器等物资销往世界；沿着这条通道，中亚、西亚和欧洲的动植物（如黄瓜、胡萝卜、石榴、海棠、汗血宝马等）传到了中国；沿着这条通道，原本流行于印度地区的佛教传入了中国。所以说，丝绸之路既是商业贸易之路，也是文化传播之路。

观点提炼

董仲舒的"天人感应"理论

董仲舒以孔孟的儒家学说为基础,引用"五行相生相克"的理论,发展出一套以"天人感应"为核心的新儒学思想体系。这套体系有效地将王朝政权的合法性问题安排在了更宏大、更空灵的宇宙秩序之中。

董仲舒认为,自然、人事都受制于天命,皇帝的大权也来源于上天。正因为皇帝的权力源于上天的授权,所以,天下百姓才应该服从皇帝及朝廷的统治。对皇帝来说,既然权力来源于上天的授权,那么皇帝及其王朝的种种作为就必须符合天道、秉承天意。如果违反了天道、天意,就可能导致天命的更改,天命一旦更改,你这个王朝就会被新的王朝所取代。

在董仲舒的解释中,皇帝和他所代表的朝廷对天下没有所有权,只有经营管理权,而且这种经营管理权还是暂时的,而非永久的。你的管理符合天道,上天就继续授权给你;你的管理不合天意,上天就会收回你的管理权,再授权给别人。董仲舒一方面通过"天人感应"

的理论限制了皇帝的权力，另一方面也为帝国的政权合法性提供了一种别开生面的解释。对此，美国历史学家费正清称："与其说儒家思想征服了汉代学者，不如说是汉代学者改造了儒家思想。"

董仲舒的"天人感应"理论在中国历史上影响巨大，此后的历代王朝，基本上都以这套理论来解释自己的政权合法性问题。

所谓的政权合法性，其实就是对政权来源及权力使用规则的一种社会共识，它并不一定百分之百的精准和科学。在不同的时代，人们对合法性的认知是不一样的。只要当时的人们能普遍接受某种理论，那么这种理论就具有合法性。在帝制时代，董仲舒的"天人感应"理论能在道统与法统之间、天命与皇权之间、皇帝与臣民之间、道义与利害之间找到微妙的平衡，能对无限的皇权加以限制，且能得到上至帝王、下到黎民的共同认可，所以它就成了帝制时代有关政权合法性的最佳解释系统。

第四章

昭宣中兴

历史现场

汉武帝之后的西汉政局

一个政治强人去世之后,他对社会的影响并不会马上消除,他会留下一笔巨大的政治遗产。汉武帝去世之后的西汉也是如此。

汉武帝对外开疆辟土、大肆征伐,对内穷奢极欲、剥削百姓,几十年搞下来,整个国家"户口减半",财政出现了危机,整个王朝都到了崩溃的边缘。

汉武帝驾崩之时,朝廷向各诸侯王报丧。结果,"燕王旦得书不肯哭",还说:"玺书封小,京师疑有变。"随即派了三个幸臣到了长安,明着说是询问有关礼仪之事,实际上是为了刺探朝廷的虚实。

此时,太子刘弗陵已经在霍光、上官桀、公孙弘等人的辅佐下即位,是为汉昭帝。昭帝下诏赐给燕王刘旦"钱三十万",又加封给他一万三千户的封邑,以示安抚。这时,燕王刘旦怒曰:"我当为帝,何赐也!"皇位本来应该是我的，我干吗还要接受赏赐！

燕王刘旦为什么这么牛？原因很简单，他也是汉武帝的儿子。汉武帝一共有六个儿子，皇后卫子夫生太子刘据，赵婕妤生汉昭帝刘弗陵，王夫人生齐怀王刘闳，李姬生燕刺王刘旦、广陵厉王刘胥，李夫人生昌邑王刘髆（bó）。按照正常情况，继承汉武帝皇位的应该是太子刘据，可是他因巫蛊之祸被诬陷，后来自杀了。正牌太子死后，按长幼之序燕王刘旦可当太子。可是，刘旦继位心切，反遭汉武帝厌恶，非但没有立他做太子，反而将他的封国削去了三个县。最后，汉武帝选择了最小的儿子刘弗陵来做自己的接班人。

燕王刘旦自己想当皇帝不成，眼看着小弟刘弗陵即位，非常不满，就与中山哀王之子刘长、齐孝王孙刘泽等人共同谋反。结果，谋反计划泄漏。汉昭帝看在燕王刘旦是自己哥哥的份儿上，没有治他的罪，但其他参与谋反的人"皆伏诛"，全被杀了。经过此番较量，刘弗陵打败了燕王刘旦，坐稳了皇帝之位。

围绕着帝位的争夺刚一结束，几位大臣之间又开始了权力争夺。汉武帝驾崩后，昭帝刘弗陵年仅八岁，不能亲政，朝政皆由托孤大臣、大司马霍光决断。当时，跟霍光一起受汉武帝托孤的还有车骑将军金日磾、左将军上官桀、御史大夫桑弘羊。其中，金日磾于公元前86年去世，无法参与昭帝朝的权力争斗。剩下的霍光、上官桀、桑弘羊则斗得你死我活。

最初，霍光和上官桀关系好，两人还结成了亲家，霍光的女儿嫁给了上官桀的儿子上官安。遇上霍光休假的时候，上官桀就代替霍光处理朝廷事务。这段看起来很友好的家族关系随后却发生了逆转。上官安和霍光的女儿生了一个女儿，到五岁的时候，上官安就想通过大将军霍光的关系将她送到宫中。霍光认为五岁的女孩太小，送进宫中不合适，就没答应。

上官安不死心，就又找丁外人帮忙，而丁外人还真就把事给办成了。这个丁外人咋有这么大的本事呢？原来他是汉武帝长女盖长公主的男宠，盖长公主此时又恰恰是汉昭帝的监护人，负责抚育这个八岁的男孩。盖长公主就以皇帝的名义下诏，封上官安五岁的女儿为婕妤，上官安因之被封为骑都尉。一个多月之后，上官婕妤就被立为皇后，此时她才刚刚六岁，上官安也随之被封为桑乐侯,升迁为车骑将军,并拥有了一千五百户的食邑。

快速升迁之后,上官安就"日以骄淫",受到皇帝赏赐后出去跟宾客吹牛,说:"与我婿饮,大乐!"我刚进宫跟女婿一块喝酒了,喝得很高兴。女儿是皇后,你说皇帝是自己的女婿,这倒也是事实,可是你这女婿才八岁,喝什么酒呀?从这里可以看出,这个上官安确实是个"顽悖之人"。

上官安的女儿是靠走丁外人的后门才当上皇后的,那么上官安是怎么报答丁外人的呢?他请求自己的岳父霍光给丁外人封侯。霍光执政比较公正,"皆不听",没满足上官安的要求。这样一来,上官桀和上官安父子就对霍光心怀怨恨。

桑弘羊自恃在汉武帝时敛财有功,为自己的子弟求官,霍光也没同意。于是,桑弘羊也怨恨霍光。这些反对霍光的人慢慢地就聚集在了燕王刘旦和盖长公主的周围,谋划除掉霍光。他们先炮制霍光的黑材料,向汉昭帝告霍光的恶状,结果汉昭帝不听。

一看诬告霍光达不到效果,上官桀他们就谋划着让盖长公主请霍光喝酒,等霍光来赴宴时,"伏兵格杀之",并且借机"废帝,迎立燕王为天子"。结果,这伙人的计划很快泄密了,霍光抢先动手,"尽诛桀、安、弘羊、外人宗族,燕王、盖主皆自杀"。上官桀父子、桑弘羊、丁外人等全被灭族,燕王和盖长公主也自杀了。自此以后,霍光权倾朝野,"威震海内"。此番权臣争斗,霍光胜出。

权力斗争结束之后,霍光辅佐昭帝治理国家。鉴于汉武帝穷兵黩武给人民造成的深重危机,霍光再次采取"休养生息"的策略,让百姓得以恢复生产,让社会恢复常态。同时,西汉王朝也改善与匈奴的关系,不再大动干戈,而是重新用和亲代替战争。经过一番调整,"百姓充实,四夷宾服",西汉从汉武帝末期即将崩溃的边缘慢慢地走出了危机。

汉昭帝在位13年,21岁时驾崩了。昭帝无后,让谁来做皇帝的问题此刻又摆在了辅政大臣霍光的面前。霍光与群臣商讨一番,决定选昌邑王刘贺继承皇位。刘贺的父亲是刘髆,刘髆是汉武帝与倾国倾城的李夫人所生之子,选刘贺做皇帝在血统上一点问题都没有。可惜的是,刘贺不是当皇帝的料,"即位,行淫乱",当上

第四章 | 昭宣中兴

西汉载人载鼎彩绘陶鸟。现藏于济南市博物馆。泥质灰陶，鸟昂首短喙，双翼左右平展，长尾微翘，两足踏长方形底座之上。鸟背塑有3人，一人着赭色衣，双手撑圆盖伞，前面两人，拱手相对，均着朱色衣。鸟左右两翼各载一圆形盖鼎，鼎腹部绘心形纹，三足为人体状。整器造型新颖，构思巧妙。

皇帝之后，刘贺就行为淫乱，干了很多坏事，颇失帝王礼仪。霍光一看这架势，知道选错人了，就废掉了刘贺的皇帝之位，将其降为海昏侯。

废掉刘贺之后，霍光选择让刘询当皇帝，是为汉宣帝。

汉宣帝掌权之后，以"王霸杂用"来治理国家。所谓"王道",指的是儒家"以德服人,以仁治国"的理念;所谓"霸道",指的是法家以武力、刑罚、权势统治天下的那一整套方案;而"王霸杂用"指的就是兼用儒家和法家的治国理念。

汉宣帝统治期间,继续推行"与民休息"的国策,加大惠民力度,轻徭薄赋,对民众实行儒家的仁政。他针对漕运耗人力、浪费严重的问题,果断减少了一半的漕卒,大省漕运力役。对于遭受自然灾害的地区,汉宣帝则减免租赋,对流民的抚恤力度也是空前之大:凡是回归原籍的流民,由政府分给田地,并给予粮种,供其免费耕种,还在一定的年限内免除租赋。经过多年的劝课农桑、轻徭薄赋,民生得到了保障,社会秩序稳定了下来。这是汉宣帝实行"王道"的一面。

汉宣帝的"霸道"则表现在整顿吏治方面。汉武帝统治期间连年用兵,导致朝廷出现了财用衰竭的问题。为了筹集钱财,汉武帝就用卖官鬻爵和输财赎罪等办法来增加财政收入。这样一来,"入物者补官,出货者除罪,选举凌夷,廉耻相冒",官场被搞得乌烟瘴气,吏治异常混乱。汉宣帝亲政之后,大力整肃吏治。汉宣帝

第四章　昭宣中兴

在任命郡守、刺史等地方大员时，往往亲自召见，通过察言观色来了解官员的品行、能力，随后向官员交代任务。官员到任之后，汉宣帝则让有关部门将官员治理地方的情况记录在案，作为该官员升降考核的依据。

有意思的是，汉宣帝甚至直接将"王霸杂用"的治国理念定义为"汉家制度"。史书记载，汉宣帝的太子刘奭（shì，即后来的汉元帝）喜欢儒学，他看老爹执政爱用执法严格的官员，就劝说老爹："您治国用刑太严，应该多用儒生做官员才是。"

汉宣帝非常生气，说："我们汉朝自有汉朝的制度，本来就是霸道和王道杂用的，怎么能像周朝那样单纯地以德治国呢？更何况那班庸俗的儒生不能洞察世事变化，厚古薄今，连名与实之间的区别都分不清，怎能对他们委以重任！"事后，汉宣帝还叹息说："日后把我大汉王朝搞乱的人，恐怕就是太子呀。"

汉宣帝用"汉家自有制度，本以霸王道杂之"这句话概括了汉朝的治国理念。在汉宣帝看来，单一的"德教"不足以治国，必须将教化与刑罚结合起来，才能更好地治理天下。

为什么要"杂之"呢？因为儒家的"王道"重教化，法家的"霸道"重刑罚。前者比较理想化，能很好地论证政权的合法性，可是解决实际问题的效率不高。法家的"霸道"倒是效率高，可是忽略教化，也有"不教而诛"的缺点。既然"王道"和"霸道"各有利弊，那兼用二者不是就能取长补短吗？于是，汉宣帝就提出了"王霸杂用"的治国理念。治国理政兼用儒家和法家，该讲仁德的时候讲仁德，该用刑罚的时候用刑罚，这样宽猛相济，治理效果更好。

经过汉昭帝、汉宣帝两朝的持续治理，西汉王朝又兴盛起来，史称这一阶段为"昭宣中兴"。

人物故事
汉宣帝的传奇经历

汉宣帝刘询是汉武帝的曾孙，太子刘据的孙子。刘据做太子时娶了史良娣，史良娣生了刘进，刘进娶了王夫人，王夫人生了刘询。巫蛊之祸发生之后，太子刘据一族全部遇害，只有尚在襁褓之中的皇曾孙刘询得以幸存，但仍然受牵连，被抓到了狱中。在狱中，他遇到了生命中的大贵人——丙吉。

丙吉当时受诏负责处理与巫蛊案相关的监狱事宜，他知道太子刘据是被冤枉的，又见到皇曾孙刘询才几个月大就父母双亡，还受牵连入狱，觉得太可怜了。出于悲悯之心，丙吉选择可靠的女仆，让她好好养育皇曾孙，以免其死于狱中。

但危险还是来临了。汉武帝有一次生病，望气者借给他看病之际说长安狱中有天子气。汉武帝一听说狱中有人可能会代替自己的天子之位，顿时火冒三丈，吩咐一个叫郭穰的人赶紧带兵去将长安狱中的人无论罪轻罪重一律杀光。而皇曾孙刘询此时正在狱中。

郭穰带人连夜赶到狱中，马上就要执行汉武帝的命令。丙吉挺身而出，不让这伙人进监狱的大门。他说，皇帝的曾孙刘询就在狱中。他人无辜被杀都不符合法律规定，何况是皇帝的亲曾孙！

郭穰带人与丙吉对峙到天明，也没能得手，他便回到汉武帝那里去告状，弹劾丙吉。此时，如果汉武帝一

玉圭（西汉）。共四件，颜色分别为青色、青白色、灰色和黑色。扁平体，长方形，尖首，形制较为规整，无纹饰。

意孤行，以"抗命之罪"惩办丙吉，估计丙吉和皇曾孙两人的命都难以保全。可有意思的是，汉武帝得知丙吉以死抗命之后，竟然转变了态度。他非但不对丙吉治罪，反而大赦天下，把跟皇曾孙一块坐牢的人都赦免了。

皇曾孙刘询的命虽然保下来了，可他几个月大就没了父母，还置身监狱之中，"几不能全者数焉"，有好几次差点就生病死掉。每每皇曾孙重病之际，丙吉就让女仆全力照顾。就这样，皇曾孙刘询慢慢长大了。

到汉昭帝驾崩之时，皇曾孙刘询正好18岁。此时，丙吉已经升迁为大将军长史了，正好为霍光所器重，所以当霍光再次物色皇帝人选时，丙吉就向霍光推荐了刘询，说他"通经术，有美材，行安而节知"，是个当皇帝的好人选。霍光看了丙吉的推荐信后，"遂尊立皇曾孙"。汉宣帝即位后，赐丙吉为关内侯，以谢其推举之功。

汉宣帝是被霍光扶上皇帝宝座的，他表面上对霍光甚为恭谦，内心却"严惮之"，即非常害怕这个权臣，"若有芒刺在背"。

公元前68年，霍光病卒，汉宣帝开始亲政。亲政之后，汉宣帝很快着手削夺霍氏的权力。霍家不甘心权势被一点点地削掉，就密谋造反。公元前66年，霍氏家族的谋反计划泄露。汉宣帝抢先出手，一举清洗了霍氏家族。

汉宣帝亲政后检查尚书省，这时，掖庭宫中有一个叫则的婢女让她丈夫上书，陈述她曾经护养过汉宣帝，有养育皇帝之功。这份奏章转给掖庭令调查。在调查过程中，婢女则说丙吉是当时的知情人。掖庭令把婢女则带给丙吉看。丙吉确实认识，并对她说："你确实养育过皇曾孙，可你因养育中犯下不谨慎的过错，还挨过板子，你忘了吗？哪里还有功？真正有功的是渭城的胡组、淮阳的郭征卿。"于是，丙吉上奏胡组、郭征卿当年养育汉宣帝时的辛劳之状，请求赏赐这两个人。汉宣帝诏令丙吉寻找这两个人，可惜她们已经死了，于是就厚赏了她们的子孙。虽然婢女则在抚育的过程中不够谨慎，但汉宣帝还是下诏免去则的奴婢身份，并赏钱十万。

后来，汉宣帝亲自询问丙吉，才知丙吉对自己有过那么大的恩德，而丙吉却长期沉默，没有说出这件事。汉宣帝很感动，认为丙吉非常厚道。

公元前59年，丞相魏相去世，丙吉接替魏相，当上了丞相。至此，当年拼死保护"皇曾孙"的大臣丙吉终于当上西汉王朝的丞相，而当年的"皇曾孙"正是如今的皇上——汉宣帝。

丙吉是历史上有名的贤相。他有一次外出，碰上两伙流氓打群架，死伤者都横倒在路上。结果，丙吉经过却没有过问此事，他的属下感到很奇怪。又往前走了一

第四章 | 昭宣中兴

玉组佩（西汉）。由鹰形玉珩、鹰纹玉璧、玉舞人和凤形玉觽组成。玉珩雕琢成展翅飞翔的玉鹰形象。玉璧璧面内雕琢两只背向之雄鹰。玉人形象服饰相同，形态婀娜多姿。凤鸟形玉觽，圆眼尖长喙，头顶有卷曲高冠，十分精美高贵。

段，碰到有人赶着牛，牛"喘气吐舌"，丙吉赶紧停下来，问那人：赶牛走了几里路？牛为什么"喘气吐舌"？

部下不理解，放着打群架的社会治安事件不过问，却偏偏询问一头牛"喘气吐舌"的原因，这是玩的哪一出呀？丙吉解释说："百姓斗殴死人，有长安令、京兆尹负责管理，我只管一年检查一次他们的政绩优劣，对他们或赏或罚即可。丞相不过问百姓打架斗殴这等小事，但春日未热，牛却喘气吐舌，我就害怕是气候失调。若真是气候失调，那可能会引发瘟疫之类的大灾害，丞相就需要提前预防，这是国家大事，我必须过问。"

听了丙吉的解释，部下心服口服，都认为丙吉识大体。

知识贴士

汉赋与汉乐府

汉朝国力强盛，政治、经济都迅速发展，在此基础上，汉朝的文学也获得了大发展。汉朝最具代表性的文学体裁就是汉赋。

汉赋继承了战国时期楚辞的形式，既有诗歌朗朗上口的音韵美和节奏感，又有散文擅长叙述、抒怀的优点，所以深受汉朝文人的青睐。西汉时期，汉赋写得最好的人是司马相如，他的《子虚赋》和《上林赋》是汉赋中影响最深远的作品。司马相如之外,枚乘、枚皋、东方朔、王褒、董仲舒等也是写汉赋的好手。

汉赋之外,汉乐府在文学史上也值得书写一笔。所谓"乐府",指的是汉武帝在公元前112年设立的一个官署,它的职责是采集民间歌谣并配上音乐,以备朝廷祭祀或宴会时用来演奏。乐府搜集、整理出来的诗歌,后世就叫"乐府诗",简称"乐府"。

汉乐府是继《诗经》之后,古代民歌的又一次大汇集。汉乐府用通俗的语言叙事,人物刻画细致入微,是我国五言诗体发展的一个重要阶段。

《陌上桑》和《孔雀东南飞》都是汉乐府民歌的代表作。其中,《孔雀东南飞》是我国古代最长的叙事诗。

(扫码读《孔雀东南飞》)

帝制从创建到成熟

观点提炼

大家知道,帝国制度是秦始皇统一六国后创建的,可是,秦朝二世而亡,并没有探索出治理大帝国的成熟模式。于是,完成帝国治理实践的重任就落到了汉朝的肩上。

刘邦建立西汉王朝之后,吸取了秦朝灭亡的教训,知道"马上得天下,不能马上治之",遂在汉初用道家的"黄老之术"治国,减少朝廷对百姓的干扰,"与民休息"。这项政策延续了60多年后,出现了历史上著名的"文景之治"。

富强起来的汉帝国不甘于"无为",于是,汉帝国在汉武帝统治时期"罢黜百家,独尊儒术",将经过汉儒改造过的儒家思想作为帝国新的意识形态。汉武帝经过一番穷兵黩武之后,致使帝国国库空虚,民不聊生,国家处在了崩溃的边缘。汉武帝的后继者不得不重新调整政策,再次"与民休息"。

汉宣帝统治时认识到,任何单一的意识形态都不足以用来治理如此复杂、庞大的帝国，于是，他提出了一种"王霸杂用"的治国理念。"王道"主要指的就是对百姓轻徭薄赋，尽可能实行儒家所倡导的"仁政"；"霸道"则是大力整肃吏治，严格对待官员的考察、任用和管理。如此一来，汉宣帝一朝就形成了"宽以待民，严以律官"的治理模式。

从上面的简单梳理中可以看出，秦汉两个帝国的意识形态，几经调整：从秦朝的法家到汉初的道家，再到汉武帝时的儒家，最后到汉宣帝时期的"王霸杂用"理念。不同的意识形态之所以要一次次地切换，并非完全因为帝王的个人喜好，实是帝国形势发展之所迫。随着帝国的发展及疆域的不断拓展，国家的治理任务日益复杂。此种情形下，任何单一思想文化下的治理模式都不足以承担如此复杂的治理使命。大帝国的治理实践，需要多元的思想资源作为文化支撑，而先秦诸子百家的思想又恰恰为中华民族提供了足够多元、博大精深的文化资源。二者相互配合，帝国制度才能最终成熟，并得以长久存在。

概括地说，秦汉时期的中国政治史，正是先秦时期法家、道家、儒家等各种思想文化逐渐落实到帝国政治实践中的过程。先秦诸子百家的思想，既是春秋战国时期社会转型的文化产物，也为后来帝国制度的创建做好了文化上的顶层设计。

需要说明的是，后世的统治者大多效仿"汉家制度"，在治国理政的过程中兼容儒法。汉朝对中国历史影响之深远，由此可见一斑。

第五章
西汉衰落

历史现场

西汉王朝的下坡路

汉宣帝驾崩之后，太子刘奭即位，是为汉元帝。

汉元帝是一个很有文艺范儿的皇帝，《汉书》中称他"多材艺，善史书，鼓琴瑟，吹洞箫，自度曲，被歌声，分刌（cǔn）节度，穷极幼眇（miǎo）"，意思是他多才多艺，能写一手漂亮的篆书，还会弹琴鼓瑟、吹箫度曲、辨音协律等，无不穷极其妙。

可是，汉元帝有个很大的缺点，就是优柔寡断，缺乏帝王应有的决策能力。结果，西汉王朝就在汉元帝统治期间开始由盛转衰。

汉元帝统治时期，外戚已经成为一股很大的政治势力。针对这种情况，朝中的有识之士就主张整顿朝纲，抑制外戚的权力。其中的代表人物就是萧望之。萧望之是当时的名儒，还是汉元帝的老师，他为人清正廉洁，刚直不阿。最初，汉元帝也是支持萧望之的，并且采纳

第五章 | 西汉衰落

了他不少好的建议。可是，萧望之这一派的人提出的整顿朝纲的方案势必遭到外戚和宦官集团的反对。

朝廷上两派相争，这时候皇帝本人的态度就显得非常重要了。如果此时汉元帝力挺老师萧望之，那么西汉王朝后期的历史可能就改写了。可惜，汉元帝是个优柔寡断的主儿。虽然老师萧望之是自己尊重的人，可是，老师要打击的宦官弘恭、石显等人是自己的亲信，外戚史家、许家是自己的亲戚，这"手心手背都是肉"，汉元帝就不知道该如何取舍了。于是，他在涉及朝廷重要人事任免、政令推行等问题上不知该听哪派的意见，犹豫不决。越是拖延，政见不同的两派就越是要斗得你死我活。

最后，宦官弘恭、石显给萧望之这派的人罗织罪名，说他们结党营私、离间君臣、欺骗皇帝，应该"请谒者召致廷尉"。汉元帝刚即位不久，不通政事，还不懂"请谒者召致廷尉"就是抓进监狱问罪的意思，便顺口答应了他们的奏请。

弘恭、石显派人包围了萧望之的住宅。萧望之不肯入狱受辱，饮鸩自杀。

得知萧望之自杀后，汉元帝悲伤流涕，拒绝吃饭，斥责石显等人"害死了自己的贤师"。可是，石显磕头认罪之后，汉元帝竟原谅了他们。从这个细节我们也可看出汉元帝优柔寡断到了何等地步。

萧望之死后，宦官石显大权在握，不肯依附他的正直官员均遭到打压。至此，西汉王朝出现了宦官擅权的局面。

公元前33年，汉元帝驾崩。他的儿子刘骜即位，是为汉成帝。

汉成帝是个非常好色的皇帝，他宠爱赵飞燕、赵合德姐妹。赵氏姐妹能歌善舞，汉成帝整天沉迷在温柔乡里。

汉成帝不问朝政，外戚势力便借机坐大了。

事情可能还得从刘骜的母亲王政君说起。王政君是汉元帝刘奭的皇后，儿子刘骜登基之后，她成了王太后，而汉成帝的舅舅王凤则为"大司马大将军领尚书事"，"益封五千户"，外戚王氏的权势由此迅速壮大。

汉成帝曾在公元前27年一口气分封自己的五个舅舅为侯：王谭为平阿侯，王商为成都侯，王立为红阳侯，王根为曲阳侯，王逢时为高平侯。一年就封王氏家族的五个人为侯，世所罕见，百姓将这五人称为"五侯"。与五人封侯相伴的，便是"王氏子弟皆卿大夫、侍中、诸曹"，全部进入官场，当了大官，他们"分据势官，满于朝廷"，形成了极大的政治势力。

王凤在发展壮大自己家族势力的同时，还打击异己，排斥忠良，十分嚣张。举一事即可说明王凤嚣张到何等程度。公元前24年，汉成帝打算让刘歆当中常侍，快要下发任命书的时候，皇帝左右的人说："未晓大将军。"皇帝说："此小事，何须关大将军？"就这么一件小事，不用跟大将军说了吧？结果，"左右叩头争之"，您还是跟大将军打个招呼吧。

皇帝一看，那就跟大将军打个招呼吧。结果，"凤以为不可，乃止"，意思是，王凤认为这个事不行，最后竟然把皇帝的这个动议给否决了。

王凤权倾朝野，"公卿见凤，侧目而视，郡国首相刺史皆出其门"。王氏家族的权力大到这个程度，怎能不跋扈嚣张？史书载"五侯群弟，争为奢侈，赂遗珍宝，四面而至。后庭姬妾，各数十人，僮奴以千百数，罗钟磬，舞郑女，作倡优，狗马驰逐，大起第室，起土山、渐台、洞门、高廊、阁道，连属弥望"，极尽享乐奢华之能事。

王凤担任大司马大将军长达 11 年，他临死之前推荐王音代替自己。王音担任大司马大将军 8 年后去世，接替他的是成都侯王商。王商辅政 4 年后因病"乞骸骨"，接替他位置的是曲阳侯王根。王根辅政 5 年，"乞骸骨"，"荐莽以自代"，推荐王莽代替自己的位置。汉成帝也认为王莽"有忠直节"，遂提拔王莽为大司马。

一年以后，汉成帝驾崩，汉哀帝即位。公元前 1 年，汉哀帝驾崩（在位 6 年）。哀帝无子，此时已是太皇太后的王政君遂任侄子王莽为大司马。王莽为便于擅权，立年仅 9 岁的刘衎（kàn）当皇帝，是为汉平帝。年仅 9 岁的皇帝不能亲政，大司马王莽名正言顺地掌控了朝政。公元 6 年，汉平帝驾崩。此时，大权在握的王莽又征汉宣帝玄孙中年龄最小的刘婴为帝，此时他只有两岁，史称孺子婴。两岁的儿童更不能执政，王莽"践祚居摄，如周公傅成王故事"，当上了摄政王。摄政 3 年之后，王莽干脆废掉了孺子婴，自己另起炉灶，建立了新朝。至此，外戚彻底篡夺了西汉王朝的天下。

人物故事

"超级影帝"王莽

王莽是王政君的侄子,王政君是汉元帝的皇后,汉成帝的母亲。王氏家族是西汉末年最著名的外戚家族,王莽则是这个家族中最出色的人物。王莽的父亲王曼早死,没能封侯。正因这个原因,王太后经常在汉成帝面前说,自己的二哥早死,二哥一家孤儿寡嫂,希望汉成帝多加照顾。

早年的王莽是个模范青年,或者说他的表演足以让所有人都认为他是个模范青年。他孝敬母亲,照顾寡居的嫂子,对叔伯长辈极其谦恭有礼。伯父王凤病重时,他日夜侍候,衣不解带。王氏家族的弟子奢侈享乐,只有王莽"折节为恭俭",不但生活俭朴,而且还拜大儒陈参为师,"勤身博学,被服如儒生"。在王氏一群纨绔子弟中,王莽的表现简直可用"出淤泥而不染"来形容。因此,大司马大将军王凤临终前,极力向王太后和汉成帝推荐王莽。由此,王莽"拜为黄门郎,迁射声校尉",进入了官场。

王莽谦卑好学，且有才能，很快赢得了各方的赞誉。汉成帝也认为王莽是难得的人才，遂封他为新都侯。后来王莽又"迁骑都尉光禄大夫侍中"。一般人都是"官升脾气长"，越升官越嚣张，可王莽正相反，"爵位益尊，节操愈谦"，官越大越谦卑。不仅如此，王莽还礼贤下士，常常把自己的俸禄分给门客和平民。如此一来，王莽凭着"超级演技"为自己赢得了极高的声望。

公元前8年，王根病重，从大司马的位置上"病退"，同时举荐了王莽。由此，王莽在38岁就当上了位高权重的大司马之职。在汉朝后期，外戚以大司马之职行辅政之实已成定例，王莽之前，他们王氏家族已有王凤、王音、王商、王根四人当过大司马，这四人均是王莽的父辈。等王莽以大司马之职辅政之时，他的声誉超过了自己的四位叔伯。

当上大司马之后的王莽继续修炼演技，"匿情求名"。王莽执政克己不倦，招聘贤良，所受赏赐和钱财全都用来款待名士，他自己的生活却非常俭朴。他的母亲生病了，朝廷高官派夫人前来慰问、探望，王莽的妻子出来迎接，"衣不曳地，布蔽膝"，身上穿的完全是粗布衣服，异常简陋。"见之者以为僮仆,问知其夫人",看望者开始还以为出来迎接的是王莽家的奴仆,一问才知道是王莽的夫人。堂堂大司马的夫人,穿着与奴仆一样简陋,众人"皆惊"。

公元 1 年,王莽的党羽向王太后上奏,称王莽"定策安宗庙"的功绩与霍光一样,应该享受与霍光同等的封赏,"宜赐号曰安汉公",王太后准奏。推辞一番之后,王莽接受了"安汉公"的称号,并住进了当年相国萧何的故宅。

为了继续获取民心,王莽建言对诸侯王和功臣的后裔大加封赏,随后又封赏百官,对平民百姓也推行恩惠政策,以此博得朝野的一致好评。

公元 2 年,全国大旱,引发了蝗灾。王莽自己带头捐钱、献地,随后大批官员响应,纷纷献出土地、房屋救济灾民。同时,灾区普遍减收租税,灾民得到充分抚恤。王莽甚至还将皇家园囿改成灾民安置点,还在长安城中为灾民建了 1000 套住宅。王莽的这些作为赢得了民心,以至于有人说他可与古代的圣人比肩。

最能表现王莽"超级影帝"特点的,莫过于他立女儿为皇后一事。公元3年，王莽想让自己的长女王嬿（yàn）当皇后，且看他是怎么做的。他采取了四个步骤：

第一步，上奏。王莽说皇帝即位已经三年了，现在还没有皇后，后宫女人的数量也不够，请有关部门抓紧为皇帝选拔根红苗正、貌美贤淑的女子。此建议很快被采纳。王氏家族势力最大，所以"王氏女多在选中者"。

第二步，以退为进。这么多王氏女子都在备选之列，如何保证自己的女儿一定胜出呢？王莽自然有高招，他采取了以退为进的战术。他上书说，我王莽无德，我女儿的资质也比较差，不宜列入备选后宫的女子之列。王莽这么一搞，连他的姑姑王太后都被感动了，也跟着说，王氏家族的女儿都是我这个太后的亲族，为了避嫌，"其勿采"，不要再从王氏家族中选拔了。王太后一发话，整个王氏家族的女儿都退出了竞选皇后的行列。

第三步，上书。王莽的党羽纷纷上书，说安汉公功勋如此之大，他的女儿不当皇后，天理难容。我们一致请求立安汉公的女儿为皇后。

第四步，谦让。王莽说，我的女儿可不能当皇后，真的不行，你们不要再上书了，皇后还是另选他人吧。

第五章 | 西汉衰落

朝廷的公卿则坚持说，必须立安汉公的女儿为皇后，如果立了其他人的女儿做皇后，我们一万个不答应！事情到了这一步，王莽假装被逼无奈，说既然你们一再坚持，那就让你们见见我女儿，面试一下吧。面试的时候，你们一定要严格把关。面试的结果是：安汉公的女儿要德有德，要才有才，要貌有貌，非常适合当皇后。于是，王莽的女儿名正言顺地当上了皇后。

公元6年，汉平帝驾崩。王莽为了使自己能顺利操控朝政，就立只有两岁的刘婴为皇帝，是为孺子婴。而王莽则受太皇太后之诏，代天子理政，称"假皇帝"，

新莽"始建国元年"铜方斗。度量衡，方斗口沿有铭文，"律量斗，方六寸，深四寸五分，积百六十二寸，容十升。始建国元年正月癸酉朔日制"。四面皆有纹饰：正面浮雕凤纹，其他三面浅刻嘉黍、嘉麦、嘉豆、嘉禾、嘉麻。（图片来源：视觉中国）

臣民则称王莽为"摄皇帝"。

公元8年，王莽的党羽假借谶纬、祥瑞之名劝王莽称帝。在一番谦让之后，王莽接受了孺子婴的禅让，如愿以偿地当上了皇帝，改国号为"新"。

当上皇帝之后，王莽进行了一系列的改革，措施包括土地改革、币制改革、商业改革及官名地名改革等，内容庞杂。不过，改革的总体思路具有复古主义倾向。比如，他将土地收归国有，称为"王田"，不准私人买卖。这个举措本意是打击西汉末年的土地兼并现象，可是一刀切地执行下去，也给民众造成了诸多不便。若有人恰好缺钱急用，原本还可卖地救急，经王莽改制之后，土地不让卖了，一点办法都没有了；还有一些人辛勤劳作，本想赚钱买地置业，王莽将土地一律收归国有后，这些人的梦想也随之破灭了。再比如，王莽下令不得买卖奴婢，这本来含有尊重人权的色彩，可是在当时也属不合时宜。当时的社会没有充分的社会保障机制，一个人穷得走投无路之际，唯一活命的机会便是卖身为奴。王莽强令不得买卖奴婢，本想救穷人于水火，可在实践过程中却斩断了穷人最后一条活命的出路。王莽还曾推

第五章 西汉衰落

行货币制度改革,结果也是事与愿违,使经济陷于瘫痪。总而言之,王莽的改革最终因食古不化及过度的理想主义而失败。

王莽改制失败,各地不断爆发农民起义,南方有绿林军,北方有赤眉军。公元23年,绿林军攻入长安,王莽在混乱中为商人杜吴所杀,新朝灭亡。

王莽是一位备受争议的历史人物。纵观其一生,我感觉他是一个既有出色才华又善于演戏的"超级影帝"。他的人生目标是向圣贤看齐,做不成真圣贤,就只能假装圣贤;他的施政纲领也一味复古,想效仿古代的井田制,将天下治理成大同世界,结果是大同世界不可得,反倒搞得哀鸿遍野、起义四起,自己也死了。王莽留给后人的最大教训或许在于:无论为人还是施政,与其一味地追求"高端、大气、上档次"的理想状态,还不如真诚地面对自己瑕瑜互见的内心和喜忧参半的现实。陈义过高,非要把自己打造成圣贤的人往往是伪君子;许诺过奢,非要在人间建成天堂的制度设计,实施起来往往会把人间变成地狱。

汉代的察举制

> 知识贴士

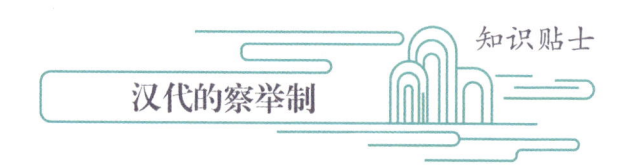

在古代，许多国家要么是军人政治，要么是贵族政治。也就是说，国家的官员要么是有显赫军功的武将，要么是世袭贵族的名门之后。如果只是个平民百姓，那你根本没有当官的机会。只有中国，早在西汉汉武帝时就建立起了一套文官政治——自汉武帝"罢黜百家，独尊儒术"时起，中国官员的主体就一直是儒生出身的文官。而欧洲是到了近代才有了文官制度。

那么，接下来就有一个问题：这些帮助皇帝处理朝政、治理天下的文官是从哪里来的呢？这就不得不提汉代的察举制了。

察举制是汉代有名的人才选拔制度。所谓"察举"，就是地方官将民间口碑好、有道德、有才华的人推荐给朝廷。推荐上来之后，这些人就到当时的国立大学——太学去学习儒家经典。学习了儒家经典之后，再到地方做官，历练几年，政绩突出的再被召回朝廷做官。

汉乐府中有诗云："十五府小吏，二十朝大夫，三十侍中郎，四十专城居。"这是一段专门讲述汉代官员升迁过程的文字，从中可以看出，汉代官员的升迁速度是非常快的。十五岁在太守府做小吏，二十岁在朝廷做大夫，三十岁做皇上的侍中郎（此时已经进入中央文官系统），到了四十岁成为一城之主。这首诗所说的情况在史书中也得到了部分印证。汉代的官员中，四十岁就做到一城之主级别的人并不罕见，还有人在五十岁之前就做了丞相。

相比于同时期其他国家的军人政治和贵族政治，中国早在西汉时期就建立起了理性的文官政治，这实在是一件值得自豪的事。同理，为文官政治选拔人才的察举制也是当时先进的人才选拔制度。不过，随着时间的推移，察举制滋生出了很多弊端，其中最大的弊端就是推荐人才很难做到公平、公正。到东汉中后期，察举制就被公卿大臣、名门望族所垄断，他们再向朝廷推荐人才，不是看该人的品性与学问，而是专门推荐名门望族的子弟。如此一来，被举荐的人也就名不副实了。

汉人的政治观念与王莽改制之关系

观点提炼

西汉王朝自汉武帝"独尊儒术"之后,儒家士人在政治上逐渐得势,他们所抱的政治观念逐渐成为主流的意识形态。这套观念的要点如下:

其一,圣人受命。各朝开国之君都是天上某帝某德降生,如青帝木德、赤帝火德、黄帝土德、白帝金德、黑帝水德,"五德"相生相克。

其二,皇帝承受天命要有符瑞,相当于上天的授权证明,如土德者当立,就要有黄龙出现。

其三,封禅。圣人承受天命,要通过封禅仪式,昭告上天。

其四,王朝德衰,天降灾异。天命五德循环不已,当某一德运衰落之际,上天就降下灾害或异象,以警醒世人。

其五,让贤禅国。灾异频发之后,统治者知道天命已改,就应该及早物色贤人,并适时让出皇位,以顺应天命。

第五章 | 西汉衰落

其六,新王朝要"易服色,更制度",承接新的天命。

汉儒这套"天人感应"学说,在今天看来有迷信的一面,也有理性的一面。理性的一面是,汉儒认为政治的最大责任就在于用"礼乐"来教化百姓,使之过上一种有秩序、有意义的美好生活。要达到此目的,统治者就要恪守道德,克制欲望,恭俭自守。而迷信的一面则表现为把大自然的异象与人间政治捆绑过密,并由此发展出了一整套解释吉凶、预测未来的谶纬之学。

所谓"谶纬之学",其实是一种经学和神学的混合物。"谶纬之学"认为,既然上天和人事之间有感应,那么,天降祥瑞就与统治者的美德有关系,而自然灾害的发生也与统治者的错误有因果关系。在汉朝人的观念里,电闪雷鸣、地震、洪水、瘟疫等已不再是单纯的自然现象,而是上天发怒了,其发怒的原因是政治出了问题。

把自然异象和人事捆绑得如此紧密,这不仅不科学,而且还是要命的事。比如,董仲舒的再传弟子眭弘就为此付出了生命的代价。

事情是这样的:公元前78年,泰山之南发出了巨大声响,老百姓去看,只见一块大石自己竖了起来,有一丈五尺高，四十八人合围那么粗，入地有八尺深，另有三块石头作为大石的脚。大石自立后，有几千只白色的乌鸦飞过来聚集在它旁边。

与此同时，昌邑社庙中已经枯死倒地的树居然又活了过来。上林苑中原已折断、枯萎倒卧在地的大柳树竟自己站了起来，重新获得了生机。有许多虫子吃这棵树的叶子，吃剩的树叶形状像这样几个字——"公孙病已立"。对于这些反常的现象，眭弘做出了解释。他认为，石头和柳树都是阴物，象征着处于下层的老百姓，而泰山是群山之首，是改朝换代以后皇帝祭天以报功的地方。如今大石自立、枯柳复生，它们并非人力所为，这说明将要有普通老百姓成为天子了。社庙中已死的树木复生，就表示以前被废的公孙氏一族要复兴了。解释完了之后，他还给出建议：为了顺应天命，汉昭帝应该普告天下，征求贤能的人，把帝位让给他，而自己退位，封得百里之地。

大自然发生了异常现象，经过"谶纬之学"一解释，竟然要皇帝退位让贤，这岂不荒唐？当时主持朝政的大司马霍光觉得眭弘的说法实在太危险，如果听之任之，

第五章　西汉衰落

可能会危及汉朝社稷。于是，霍光就以"妖言惑众，大逆不道"的罪名诛杀了眭弘。

作家韩少功说过这样一句话："思想的龙种总是在黑压压的人群中一次次地收获现实的跳蚤。"董仲舒的"天人感应"理论也是如此。董仲舒提出这套理论，最初是为了论证王朝政权的合法性，并试图对皇帝的权力做出一点观念上的限制。可是，随着时间的推移，"思想的龙种"最终变成了"跳蚤"，"天人感应"理论慢慢地发展出"谶纬之学"，而"谶纬之学"又成了野心家改朝换代最好用的政治动员手段。王莽最后篡夺西汉的天下，建立新朝，其政治上借助的是外戚擅权的大势，文化上遵循的则是汉儒"天人感应"的政治观念。

王莽利用了当时人们希望改朝换代的心理，编造了很多预言自己当新皇帝的谶言和祥瑞。比如，公元元年，王莽安排益州官员送来一只白野鸡，大臣们见状，纷纷以祥瑞为由，要求册封王莽为安汉公；公元5年，有人挖井挖出一块石头，上书"告安汉公莽为皇帝"，王莽就以"上天降符"为由当上了摄皇帝；公元8年，不同的郡都出现了铜符和石牛，说王莽应该当皇帝，于是，王莽就"顺理成章"地篡汉称帝了。

汉室自汉元帝时起,帝王就一直短寿。元帝驾崩时41岁,成帝驾崩时44岁,哀帝驾崩时25岁,平帝驾崩时14岁,这本身就是国运衰落的象征。既然国运衰落,那么改朝换代也就成了西汉末年比较普遍的一种社会心态。汉儒一直推崇让贤,而在汉室国运衰微之际,王莽在政治、道德、学术及抱负上又恰好符合当时的"让贤"条件,所以他最后接受了孺子婴的让位,做了新朝皇帝,也算是有理论依据的。

第六章

光武中兴

历史现场
从昆阳之战到光武中兴

王莽新朝灭亡后，取而代之的是东汉。东汉王朝的创建者是光武帝刘秀。

刘秀是南阳郡蔡阳县（今湖北枣阳市）人，他是汉景帝刘启的七世孙，身上有着皇族血统。他的父亲刘钦曾做过济阳县县令，不过，刘秀八岁的时候父亲就去世了。

父亲去世后，小刘秀被叔父收养，彻底成了平民。他小小年纪就下田劳作，早早体会到了生活的艰辛。20岁的时候，刘秀曾到长安求学，进入太学学习《尚书》。不过，他在太学只学了两年。

原来，此时的王莽新朝已呈败亡之势，各地百姓纷纷起义。刘秀和他的哥哥刘縯（yàn）也决定带领南阳郡的宗室子弟起义。

刘縯、刘秀兄弟是在南阳郡舂陵起兵的，他们的军队称为舂陵军。起义之初,舂陵军兵少将寡,装备很差。刘秀最早打仗是骑牛上阵的,后来经过激战杀死了新野尉,刘秀才有了战马。

当时,起来反抗王莽新朝的起义军有好多支,最著名的两支是活跃在南方荆州地区的绿林军和活跃在北方泰山周边的赤眉军。刚开始,王莽认为北方的赤眉军对自己的威胁最大,就集中力量对付这支起义军。就在王莽的军队与赤眉军拉锯厮杀之际,南方的绿林军趁机攻下了长江下游地区,并拥立西汉皇室的后裔刘玄来当皇帝,史称更始帝。而刘縯、刘秀兄弟也加入更始帝领导的绿林军旗下。

王莽发现绿林军发展迅速之后,赶紧掉头来镇压。公元23年,王莽的军队将绿林军围困在昆阳(今河南叶县)城中。当时,王莽的军队有42万人,而绿林军在昆阳城的守军只有9000人。危难之际,不少绿林军的将士想要弃城逃跑。这个时候,刘秀显示出了英雄本色,他对诸将说:"现在我军粮草匮乏,城外又有强大之敌,如能集中力量抗击敌人,还有取胜的可能。如果分散各自出逃,敌人势必将我们各个歼灭。"说服诸将固守昆阳之后，他自己当夜就带领13名骑兵出城调集援军，准备对王莽的军队实施内外夹击。

昆阳之战打响后，王莽的军队进攻昆阳城受挫，重兵屯于坚城之下。另一边，出城调兵遣将的刘秀则从定陵、郾城分别调来了援军。刘秀率援军在城外向王莽的军队发起反击，昆阳城内的守军出城接应，里应外合之下，王莽的军队大败，起义军取得了昆阳之战的胜利。

昆阳之战影响深远，对王莽来说，输掉昆阳之战后，主力丧失，无力与起义军再战。不久，起义军攻入长安，王莽的新朝彻底灭亡。对刘秀来说，昆阳之战让他大放异彩，声名远播。

昆阳之战后，绿林军内部因争权夺利而矛盾重重，更始帝刘玄处死了很多可能威胁自己位置的有功将领，其中就包括刘秀的哥哥刘𬙂。后来，刘秀借着更始帝让他做监军的机会，到河北独立发展自己的势力。在河北，刘秀任用贤能，整顿军纪，实力越来越强大。

公元25年，已经"跨州据土，带甲百万"的刘秀在众将拥戴下称帝，恢复了"汉"的国号，随后定都洛阳。因为洛阳在长安的东面，所以历史上便把刘秀建立的这

第六章　光武中兴

个政权称为"东汉"。

刘秀建立东汉王朝的时候，全国尚处于分裂的状态，大大小小的军阀不计其数。东汉王朝又经过十余年的东征西讨，终于在公元36年彻底扫平了各路割据势力，实现了统一。

东汉王朝刚建立的时候，整个社会饱经战乱之苦。面对人口锐减、生产凋敝的现状，刘秀实行与民休养生息的政策，偃武修文，轻徭薄赋。刘秀一度下诏，将田租降到文景之治时期的三十税一，还多次下诏释放奴婢。这些措施缓和了阶级矛盾，稳定了社会秩序。

东汉王朝本是在豪强大族势力的支持下建立起来的，可是随着豪强势力的发展，土地兼并的现象越来越严重。为了加强朝廷对全国垦田和劳动人口的控制，刘秀在公元39年下诏重新丈量土地，核实户口，并以此作为征收赋税的根据，此事被史书称为"度田"行动。

"度田"行动遭到豪强势力的抵制，因为豪强势力通过瞒报土地和人口可以少交很多赋税。为了推动"度田"行动，刘秀下令处死了一批造假的官员。最终，朝廷终于掌握了土地和人口的真实情况，稳定了国家的税收。

文化方面，刘秀继承了西汉王朝"独尊儒术"的传统，兴建太学，设置五经博士，重用文人贤士。东汉王朝的开国功臣，好多都是儒生出身，如邓禹就是刘秀当年在太学的同学，寇恂、冯异、马援、贾复、祭遵也都饱读诗书，有"通儒"之名。因此，东汉王朝自建立之日起就是一个文质彬彬的士族政权。

经过一番治理，东汉王朝呈现出社会安定、经济恢复、人口增长的大好局面。因为刘秀的谥号为光武，所以史学家将这个历史时期称为"光武中兴"。

公元 57 年，光武帝刘秀驾崩，太子刘庄即位，是为汉明帝。汉明帝深受儒学熏陶，治国有方，东汉王朝在他统治期间开疆辟土。班超于公元 73 年奉命出使西域，通过高超的外交手段控制了丝绸之路。在北方，汉明帝派窦固与耿秉率军深入草原，攻击匈奴，夺取了吐鲁番绿洲。

公元 75 年，汉明帝刘庄驾崩，儿子刘炟（dá）即位，是为汉章帝。汉章帝同样好儒术，为政宽仁，但由于放纵外戚，埋下了后世外戚擅权的种子。汉章帝于公元 88 年驾崩，太子刘肇即位，是为汉和帝。汉和帝亲

第六章 光武中兴

政之后,诛灭了外戚窦氏一族,彻底击溃了匈奴,重新设置了西域都护。此时,东汉的国力达到最强,史称"永元之隆"。

人物故事
班超出使西域

班超是东汉史学家班彪之子,幼时博览群书,为人有大志。他曾替官府抄写文书,抄抄写写的间隙,他投笔叹息说:"我身为大丈夫,尽管没有什么突出的计谋才略,总应该学学张骞,通过在万里之外建功立业而封侯晋爵,怎么能老是干这种笔墨营生呢?"旁人都嘲笑他异想天开。班超却说:"凡夫俗子又怎能理解志士仁人的襟怀呢!"这就是班超"投笔从戎"的典故。

西汉末年,朝政败坏,中央对西域诸国的控制力也在逐渐减弱。王莽篡汉之后,西域诸国彻底脱离了中央王朝管辖,为北匈奴所控制。北匈奴得到西域的人力、物力后,实力大增,屡次进犯河西诸郡,使得边地人民痛苦不堪。

到了东汉永平年间，汉明帝命窦固率兵攻打北匈奴。班超实现了他"投笔从戎"的愿望，随军北征，在军中任假司马之职。班超一到军中，就显示出与众不同的才能。他率兵与北匈奴交战，斩获甚多。窦固很赏识他的才干，于是派他和郭恂一起出使西域。

当时，西域有很多小国。班超和郭恂首先达到了鄯善国（今新疆罗布泊西南）。鄯善王对班超等人先是礼敬有加，后又变得疏远冷淡。班超认为，鄯善王态度转变一定有原因，多半是北匈奴也派使者来到了鄯善。

于是，班超便把接待他们的鄯善侍者找来，出其不意地问道："我知道北匈奴的使者来了好些天了，他们现在住在哪里？"

鄯善侍者没想到班超会问这个问题，慌忙中只好说出了实情：北匈奴的使者果然来到了鄯善。班超把侍者关押起来，以防泄露消息。接着，他立即召集部下36人，和大家一块喝酒。酒酣之际，班超对大家说："诸位与我都身处边地异域，想通过立功来求得富贵荣华。但现在北匈奴的使者来了才几天，鄯善王对我们就不以礼相

第六章 光武中兴

待了。一旦鄯善王把我们绑了，送到北匈奴去，我们不都成了豺狼口中的食物了吗？你们看怎么办呢？"

大家都齐声说道："我们现在处于危亡的境地，是生是死，就由司马您决定。"

班超说："不入虎穴，焉得虎子！我想出的办法就是趁着夜色偷袭北匈奴使者。他们不知道我们究竟有多少人，我们正好可以趁机消灭他们。只要消灭了他们，

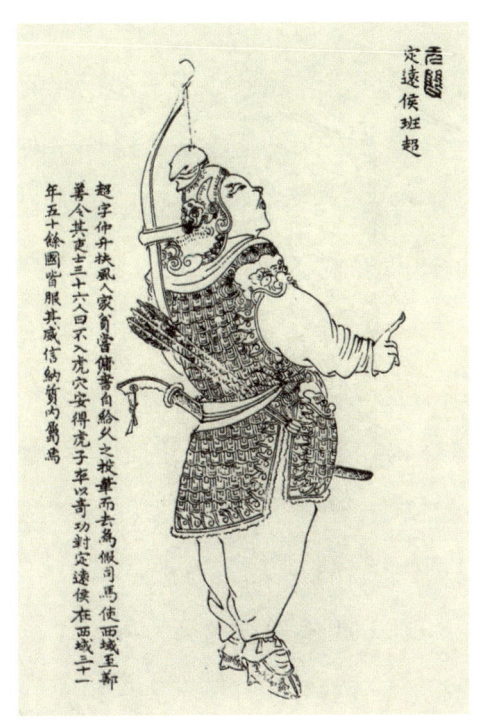

定远侯班超画像。选自清代金古良的《无双谱》。（图片来源：视觉中国）

鄯善王恐怕会吓破胆，我们就大功告成了。"

这天夜里，班超就率领36名部将直奔北匈奴使者驻地而去。班超命十个人拿着鼓藏在敌人驻地的后方，约好一见火起，就猛敲战鼓，大声呐喊。又命其他人拿着刀枪弓弩埋伏在门两边。安排完后，班超顺风纵火，一时间36人前后鼓噪，声势喧天。北匈奴人乱作一团，逃遁无门，一部分被杀，另一部分葬身火海。班超偷袭北匈奴使者的计划大功告成。

诛杀了北匈奴使者后，班超请来了鄯善王，把北匈奴使者的首级给他看。鄯善王大惊失色，认定汉使绝对是个狠角色，大汉王朝更是不好惹，于是表示愿意归附东汉，还同意把自己的王子送到汉朝作为人质。

成功收服了鄯善之后，班超又出使于阗（tián）国（今新疆和田）。当时，于阗王广德刚刚攻破莎车国（今新疆莎车），在天山南道称雄。北匈奴派使者驻扎在于阗，对外说是监护它，实际上掌握着于阗的大权。班超到达于阗后，于阗王对他很不礼貌，态度颇为冷淡。

于阗巫风兴盛，巫师对于阗王说："天神发怒了，你们为什么想去归顺汉朝？汉使有一匹嘴黑毛黄的好马，你们赶快把它弄来给我祭祀天神！"于阗王派宰相私来比向班超讨要那匹马，班超早已清楚事情原委，便痛快地答应了，但是提出要巫师自己来牵。等到巫师到来后，班超不由分说将他杀死，并逮捕了私来比，痛打数百皮鞭，之后把巫师的首级送还于阗王，说明利害，以道义责备他。于阗王早就听说过班超在鄯善国诛杀北匈奴使者的作为，因此颇为惶恐，当即下令杀死北匈奴使者，重新归附汉朝。

之后，班超又出使疏勒国（今新疆喀什），使疏勒国也归附了东汉王朝。

西域地区的其他小国见鄯善、于阗和疏勒都归顺了东汉王朝，也纷纷效仿。于是，西域与中原王朝中断了60多年的关系得以恢复。

此后，班超一直以汉使的身份活跃在西域，时间长达31年。这期间，他通过分化、瓦解和驱逐等手段，清除了北匈奴势力，使西域50多个小国重新归顺了东汉王朝。为表彰班超为东汉王朝做出的突出贡献，公元95年，朝廷封班超为定远侯，食邑千户。至此，班超终于实现了立功异域、万里封侯的梦想。

知识贴士：白马寺

公元 64 年，汉明帝刘庄有天夜里做了一个梦，梦见西方来了一个头顶放光、身材高大的金人。他醒来后把梦中的情形讲给大臣听，有个大臣告诉汉明帝，说他描述的这个金人形象，很像西域人所说的"佛"。而西域的佛教来自天竺，天竺就是今天的印度。

汉明帝刘庄觉得这个梦就是上天对他降下的一个旨意，要他把"佛"迎请到中国来。于是，汉明帝就派人到西域去迎请天竺高僧。

公元 67 年，两位天竺高僧摄摩腾、竺法兰被汉朝使者迎请到了东汉都城洛阳。随着两位高僧一同来到洛阳的，还有用白马驮着的佛教经书。汉明帝对两位天竺高僧非常尊重，下令为他们在洛阳建造寺院。

第二年，寺院建成。为了纪念白马长途跋涉驮运经书的功德，就将新建成的寺院取名为"白马寺"。白马寺是中国最古老的佛寺，也是佛教传入中国的一个重要标志。

第六章 光武中兴

白马寺

　　白马寺建成后，摄摩腾、竺法兰两位高僧在这里翻译出了中国历史上第一部汉译佛经《四十二章经》。在摄摩腾和竺法兰之后，又有多位高僧来到白马寺译经。此后的150多年间，有192部佛经在这里译出，白马寺由此成了中国的第一译经道场。

　　佛教在东汉永平年间传入中国，这是文化交流史上的一件大事。佛教从古印度传入中国后，经长期发展，创造出了丰富多彩的佛教文化。佛经的翻译，实为中国翻译史之先河；佛教寺院、佛塔的修建，亦为中国古代建筑艺术中不可或缺的一部分；佛教的龙门石窟、云冈石窟等，是人类珍贵的艺术宝藏；佛教音乐极大地丰富了中国古典音乐的内容和形式。最关键的是，佛教传入中国之后，与原有的儒家、道家思想融合，潜移默化地融入中国社会生活的方方面面。到今天，佛教已然成为中国传统文化的一部分。

观点提炼
从"累世经学"到"累世公卿"

东汉比西汉更重视儒学，光武帝、汉明帝、汉章帝等几代帝王均倡导儒学。公元59年，汉明帝刘庄在洛阳的明堂亲自讲解《尚书》，制造了万人空巷的盛举。随着儒学的兴盛，士人阶层在政治上的影响也越来越大。

在古代社会，读书的机会不易获得。别的不说，单是书籍就异常珍贵。因当时还没有印刷术，竹帛书籍要依靠传抄，所耗人力物力甚巨，非普通人家所能拥有。

第六章　光武中兴

在当时，谁家拥有经书，谁家就拥有了优质的教育资源。若家中再有人会讲解经书，那这个家族在教育子弟问题上就占尽优势了。此等情形下，学术文化的传授往往也就限定在了士人家族之中，这就造成了当时所谓的"累世经学"。而"经学"又是东汉时期做官之必要条件，因此"累世经学"又演变为"累世公卿"，即一个世代读书之家很容易成为一个世代官宦之家。

另外，汉朝的人才选拔实行的是察举制度，一个人做了地方官，除有较高的官俸外，还有权向朝廷举荐"孝廉"。如此一来，如果一个人官至郡守，一郡之下的"孝廉"都经他举荐，被举荐者对郡守心怀感恩，成为其门生故吏便是顺理成章之事。日后，这些"孝廉"在政治上得志，也往往举荐恩人的后人。由此，举荐过他人的人，其子孙也极易被举荐。这样一来，一个地方的"察举"名额就永远落在了几个大家族之中，而这几个大家族便是当地的名门望族。东汉时期每个郡都有几个这样的名门望族，由此就造成了门第现象和门第观念。

东汉门第之形成，实质上是一种学术与权力的媾（gòu）和。几个名门望族长期把持一个地方的学术资源和权力资源,屡屡由"世代经学"到"世代公卿",这虽不是赤裸裸的权力世袭,但也俨然造就一种贵族阶层。这样的门第势力,在王朝政治清明之际,自可协助朝廷稳定地方秩序,可在王朝衰落及解体之时,也容易转化为地方割据力量。

宅院画像砖。现藏于中国国家博物馆。此画像砖上的宅院为汉代官绅富豪住宅的缩影,宅院中的望楼是东汉时期官绅富豪宅院具有军事防御功能的表现。(图片来源:读图时代/视觉中国)

| 第七章 |

东汉衰落

东汉衰亡史

历史现场

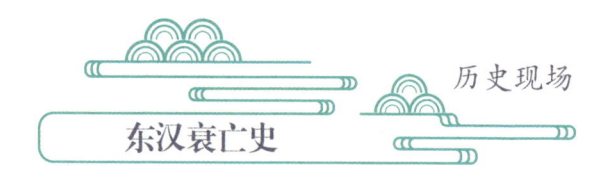

凡事盛极而衰,东汉王朝在永元之隆后就开始走下坡路了。

导致东汉衰落的原因很多,其中最主要的是外戚擅权和宦官干政。东汉的外戚之祸,起于汉章帝。汉章帝的皇后窦氏没生儿子,宋贵人生子刘庆,立为太子。梁贵人生子刘肇,被窦皇后收为养子。窦皇后诬陷并杀害了宋贵人,将太子刘庆废为清河王,而立刘肇为太子。汉章帝驾崩后,年仅10岁的刘肇即位,是为汉和帝。和帝年幼,不能亲政,窦太后遂临朝称制。窦太后的哥哥窦宪趁机掌握了朝政大权,外戚势力就此坐大。

汉和帝亲政之后,为了把大权从外戚手中夺回,就联合宦官郑众,与其一同谋划,诛杀了窦宪及其党羽。

汉和帝短寿,年仅26岁就驾崩了。和帝驾崩后,他出生仅百日的儿子刘隆被立为皇帝,是为汉殇帝。汉

第七章 | 东汉衰落

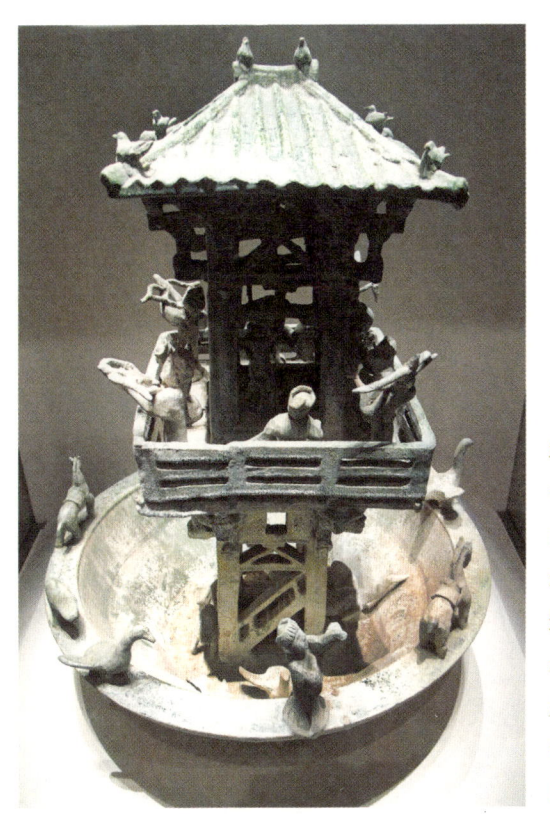

绿釉陶水亭。现藏于中国国家博物馆。东汉末年，豪强大族纷纷建起坞壁，组织部曲家兵，陶水亭上的武士像正是当时普遍存在部曲家兵的写照。（图片来源：视觉中国）

殇帝在位时，邓太后临朝听政，太后的兄长邓骘又乘势崛起，外戚势力再次控制了朝政。汉殇帝在位一年即夭折，邓太后迎立清河王的儿子刘祜为帝，是为汉安帝。

汉安帝执政时，东汉王朝已是内忧外患，在他统治前期，邓太后临朝称制15年。邓太后去世后，汉安帝又重用阎皇后的哥哥阎显,并宠信宦官,朝政极为紊乱。阎皇后无子,后宫李氏生子刘保,立为太子。后李氏为阎皇后所害,刘保亦被废掉太子之位。

汉安帝亦短寿,驾崩时只有31岁。阎皇后迎立汉章帝之孙北乡侯刘懿为帝,但刘懿称帝200多天即因病去世。此时宦官势力开始登场,他们消灭了外戚阎氏,拥立刘保为帝,是为汉顺帝。汉顺帝的皇位是靠宦官支持得来的,他登基后遂重用宦官,有拥立之功的19个宦官均被封侯。

此外,汉顺帝还重用皇后的父亲梁商,导致外戚梁氏专权长达20多年。梁商死后,他的儿子梁冀继续掌握朝政大权,此时外戚的权势达到了巅峰。梁冀一门"前后七侯,三皇后,六贵人,二大将军,尚公主者三人,其余列卿、将、校者五十七人"。梁冀秉政20多年,飞扬跋扈,后来的汉冲帝、汉质帝均被他牢牢控制,甚至汉质帝因童言无忌被他毒杀。

公元159年,汉桓帝联合宦官诛灭了梁氏。外戚梁氏被诛后,朝政大权又转移到宦官之手,帮助汉桓帝谋杀梁氏的五个宦官皆被封侯,称为"五侯"。宦官势力

第七章　东汉衰落

因此大涨，而宦官之腐败比外戚有过之而无不及。朝中官员与太学生联合起来反对宦官擅权，结果反遭宦官迫害，是为东汉历史上有名的"党锢之祸"。经过两次"党锢之祸"的打压，正直的士大夫全被排斥出东汉的朝堂，东汉王朝自此江河日下，濒于灭亡。

公元 184 年，黄巾起义爆发。此时，腐朽的东汉朝廷根本无力平叛，遂下令各州郡自行募兵守备。黄巾起义后来虽被镇压了下去，但在此过程中，地方州郡长官开始拥兵自重，军阀割据的局面形成了。

公元 189 年，汉灵帝去世，汉少帝刘辩即位，外戚何进官拜大将军，掌控朝廷。他立志铲除宦官势力，但遭到何太后反对。士大夫领袖袁绍提出建议，让董卓进京，逼迫何太后答应。何进同意了袁绍的建议。然而事情泄漏，宦官先下手为强，杀死了何进。当时在西园军的袁绍闻讯，立即率军攻入皇宫，屠杀了宦官，京城大乱。董卓乘乱拥兵入京，控制了整个中央政府。董卓同时清洗了宦官和外戚，还废掉了汉少帝刘辩，立陈留王刘协为皇帝，即汉献帝。

董卓在京城烧杀抢掠，招致山东州郡各路诸侯的联合讨伐。讨伐董卓的各路军阀虽组成了盟军,但他们貌合神离,不久便发生了内讧。而董卓则挟持汉献帝迁都长安,临走之前,焚烧了洛阳,东汉都城就此毁于一旦。

各地的军阀为增强自己的实力,纷纷互相攻伐,中央王朝的威望荡然无存。当时主要的地方割据势力有冀

螭凤纹"长乐"铭文玉璧(东汉)。璧体分成二区,内区饰以乳钉纹,外区镂空螭凤纹,并延伸至璧体之外。外区中轴上下,镂雕"长乐"二字。设计巧妙,工艺精湛,是难得的汉璧精品。

第七章　东汉衰落

州袁绍、兖州曹操、幽州公孙瓒、扬州袁术、荆州刘表、益州刘焉、汉中张鲁、凉州马腾等。

公元192年，司徒王允巧施连环计，唆使吕布谋杀了董卓。但不久，董卓的部将李傕、郭汜又杀回来替董卓报仇，王允被杀，吕布出逃，东汉朝廷再度失控。公元195年，李傕和郭汜发生内斗，汉献帝刘协和群臣逃回了已是一片废墟的洛阳。

一年后，曹操迎汉献帝到许昌，从此曹操"挟天子以令诸侯"，逐渐掌握朝廷权力。曹操有雄才大略，在诸侯混战中壮大起来，击败袁绍、袁术、吕布等，统一了北方。

在曹操经营北方的同时，孙策、孙权兄弟在长江下游地区崛起，建立了自己的基业，而刘备也夺取了益州，三国鼎立的局面由此形成。公元220年，汉献帝将皇位让给曹操的儿子曹丕，曹丕改国号为"魏"，东汉王朝灭亡。随后，公元221年，刘备也称帝，国号为蜀。公元229年，孙权称帝，国号为吴。至此，天下成魏、蜀、吴三分之局，历史进入了三国时代。

话说天下大势，分久必合，合久必分：周末七国分争,并入于秦;及秦灭之后,楚、汉分争,又并入于汉;汉朝自高祖斩白蛇而起义,一统天下,后来光武中兴,传至献帝,遂分为三国。推其致乱之由,殆始于桓、灵二帝。桓帝禁锢善类,崇信宦官。及桓帝崩,灵帝即位,大将军窦武、太傅陈蕃,共相辅佐;时有宦官曹节等弄权,窦武、陈蕃谋诛之,机事不密,反为所害,中涓自此愈横。

——《三国演义》

  历史学家总结东汉衰落的原因时,认为外戚擅权和宦官干政是两大顽疾。之所以会出现这两大顽疾,与东汉的皇帝大多短寿有关。东汉皇帝中,享年超过40岁的皇帝,只有光武帝刘秀、汉明帝刘庄、汉献帝刘协三人。其中,寿命最短的是汉殇帝,他登基时刚刚出生100天,登基只有一年就去世了。其余的,汉章帝活了31岁,汉和帝活了27岁,汉安帝活了31岁,汉顺帝活了29岁,汉冲帝只活了2岁,汉质帝活了8岁,汉桓帝活了35岁,汉灵帝活了33岁,汉少帝活了14岁。皇帝年纪轻轻就命归黄泉,除了让人唏嘘感慨外,对朝政的影响也绝对是负面的。一个短命的皇帝去世时,他的儿子尚未成年,

第七章　东汉衰落

只能幼年即位。幼年即位的皇帝不能亲政，大权要么旁落到母后家族（外戚）的手中，要么就得落到宦官手中。事实上，东汉皇帝中，政由己出的皇帝也只有光武帝刘秀、汉明帝刘庄、汉章帝刘炟这三位。其余的皇帝，要么是外戚的傀儡，要么是宦官的工具，要么是军阀手中的棋子。

孔子说："名不正则言不顺，言不顺则事不成。"外戚和宦官掌控朝政大权，属于典型的"名不正言不顺"。权力的来源已不合礼法，有了权力之后再胡作非为，政局岂能不乱？

东汉王朝的衰落史，概括地说，就是外戚、宦官、军阀这三股"名不正言不顺"的权力偏房轮番登场、交替控制朝政的过程。当外戚和宦官斗得不可开交之际，地方军阀董卓趁机带兵进京，把外戚和宦官全部清洗，自己控制了朝政。董卓之后，东汉王朝的中央权威丧失殆尽，整个国家陷入军阀割据混战的局面中。

乱世英雄曹操

人物故事

《三国演义》是中国古典"四大名著"之一,书中所写曹操、刘备、孙权三大政治军事集团争夺天下的故事可谓妇孺皆知。不过,你千万要搞清楚,《三国演义》中描写的人物,有很多人生活在东汉末期,比如曹操。曹操去世之后,汉献帝在公元220年将帝位让给了曹操的儿子曹丕,这一事件才是东汉灭亡的标志。

真实历史中的曹操,是个很有本事的人,他是东汉末期的政治家、军事家和文学家。他的父亲曹嵩是宦官曹腾的养子,曹腾历侍四代皇帝,颇有名望。年轻时期,曹操任性好侠,放荡不羁,不修品行,但是博览群书,尤其喜欢兵法。

公元174年,曹操被举为孝廉,入京都洛阳为侍从官。不久,他被任命为洛阳北部尉,负责洛阳北部的治安工作。洛阳为东汉都城,是皇亲贵戚聚居之地,很难治理。曹操一到任,就申明禁令、严肃法纪,造五色大棒二十余根,悬于衙门左右,"有犯禁者,皆棒杀之"。

第七章 | 东汉衰落

皇帝宠幸的宦官蹇硕的叔父违禁夜行,闯入百姓家里胡作非为。曹操毫不留情,将蹇硕的叔父用五色棒处死。于是,"京师敛迹,无敢犯者"。曹操也因此得罪了一些当朝权贵,被调离了京城。

公元184年,黄巾起义爆发。曹操受命镇压黄巾军,建立了战功,被提拔为济南相,掌济南的行政大权。东汉末年,官场腐败,官员们贪赃枉法,无所顾忌。曹操到济南之后,大力整顿吏治,抓了很多贪官,结果,济南震动,"政教大行,一郡清平"。曹操当济南相的时候还不到30岁,从这里我们可以看出,曹操非常有政治魄力和政治才能,堪称东汉末年的"政坛新星"。

公元188年,汉灵帝为巩固统治,设置西园八校尉,曹操被任命为八校尉中的典军校尉,从此开始了他的军旅生涯。

公元189年,汉灵帝驾崩,太子刘辩登基,何太后临朝听政。大将军何进想趁灵帝驾崩、宦官失势之机诛灭宦官势力,但没有得到何太后的支持。于是,何进便召时任并州牧的董卓进京。董卓进京后,废除了汉少帝，改立陈留王刘协为帝，即汉献帝，并在京城大开杀戒。曹操见董卓倒行逆施，不愿与其合作，就改名易姓逃出京城洛阳，回到陈留。到陈留后，他散尽家财，招募义兵，号召天下英雄讨伐董卓。

董卓之后，各路军阀纷纷崛起，曹操就是其中的佼佼者。面对天下大乱的局面，曹操主动把流离失所的汉献帝迎请到了他的根据地许都，拥有了"挟天子以令诸侯"的政治优势。然后，他征讨四方，对内消灭袁绍、袁术、吕布、刘表、马超、韩遂等割据势力，对外降服南匈奴、乌桓、鲜卑等，统一中国北方地区。

由于常年战乱，社会经济遭到空前破坏。为了稳定局面，恢复经济，曹操在他统治的地区推行了很多有效的措施，其中最值得一说的就是屯田制。

当时，连年战乱破坏了正常的社会生产，导致很多地方出现大饥荒。粮食供应也成了很多军事集团面临的最大问题。面对这个难题，曹操在许都募民屯田。所谓募民屯田，就是招募失去土地的流民来为国家耕种土地，土地、耕牛、农具等生产资料由国家提供，军队为农业生产提供安全保障，同时也将招募来的百姓以军事化或

第七章　东汉衰落

半军事化的方式组织起来,确保农业生产得以顺利进行。屯田的收入,募民与国家按一定的比例分成。这项措施一方面安置了流民,恢复了农业生产,另一方面还解决了军粮不足的问题。在许都试行屯田成功后,曹操将其推广到了各个州郡。大兴屯田之后,北方的经济得到了恢复。

此外,曹操在用人方面也有可圈可点之处。东汉时期,用人讲究门第出身,出身名门的人很容易做官,而平民出身的人则很难获得施展才能的机会。曹操在用人方面打破世族门第观念,提倡"唯才是举",三次下"求贤令",选拔和任用真正有才能的人。

罗贯中写小说《三国演义》时,出于"尊刘贬曹"的倾向,把曹操塑造成了一个"奸雄"形象。可真实的曹操,堪称乱世英雄。在魏、蜀、吴三大军事集团中,魏国的实力最强,这与曹操出色的政治才能是分不开的。对此,鲁迅先生说:"曹操是一个很有本事的人,至少是一个英雄。"毛泽东也说:"曹操是了不起的政治家、军事家,也是个了不起的诗人。……他改革了东汉的许多恶政,抑制豪强,发展生产,实行屯田制,还督促开荒，推行法治，提倡节俭，使遭受大破坏的社会开始稳定、恢复、发展。"

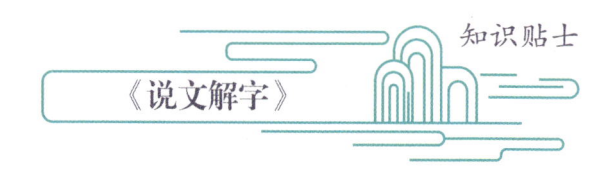

知识贴士
《说文解字》

东汉时期，中国的文字学有很大发展，其中，最大的成就是许慎撰写了一部文字学巨著《说文解字》。

许慎是著名的文字学家，他从小就博览群书，搜集了大量的小篆、古文、籀（zhòu）文等学术资料。公元100年，许慎开始着手撰写《说文解字》，经过21年的艰苦努力，于公元121年完成了这部巨著。

《说文解字》共收录了9353个汉字，每个汉字都从字形出发，阐明篆体结构，追溯造字源流，阐述这些汉字在形、音、义三方面的关系。东汉时期，许慎以一人之力就撰写出一部超级字典，实属不易。《说文解字》是世界上最早的字典之一，直到今天依然是人们研究汉字学的重要工具书。

从两汉盛衰看王朝周期

观点提炼

东汉王朝的创始人刘秀是汉景帝刘启的七世孙,所以,东汉可以说是西汉宗室复辟的产物。正因如此,两汉王朝在制度层面有很多一致性:二者均以农业经济维系着实行同样制度的帝国体系,权力高度集中在皇帝手中。代替皇帝管理地方的是一个等级森严的官僚系统,普通人进入官场依赖的是察举制度。两汉在国家意识形态方面也高度一致,都尊奉儒家思想,信奉大体一致的天命观。甚至,两个王朝的寿命都很接近,均为 200 年左右(西汉略多,东汉略少)。导致两个王朝灭亡的原因中均有政治腐败、外戚擅权、土地兼并严重、农民起义等常见因素。这些现象在以后王朝的末期一再出现,似乎成了每个王朝末期的"常见病"。

人们从两汉王朝的盛衰中可大体总结出中国王朝的周期。对此,美国著名汉学家费正清先生说:"专制统治正是它本身最大的敌人。皇帝把大量的田地及农民永久性地赐给皇亲国戚、宠臣奸佞和将相高官,而后者往往贪得无厌，又进一步导致了统治的恶化。"

我们还可以从人才发现机制来考察帝国盛衰的规律。一般而言，一个王朝在开国之际，明君贤臣风云际会，仿佛遍地是人才，可是待到王朝末期，堂堂庙堂之上，竟然很难发现出类拔萃的人才。难道天地生人才，会在不同的时期有不同的分布吗？显然不是。

在开国之初，君王要在"打天下"的过程中经过残酷的筛选才能胜出，昏聩之辈根本没能力夺得皇位。中国历史上的开国之君，必有过人的本事，原因即在于此。对开国功臣而言，他们多成长于乱世，来自各个阶层，成分复杂，同样要经过战争的筛选与历练。这种明君贤臣的合作模式，可看作是一个实力强大的创业团队，其进取精神和应变能力绝对靠谱。

可是，开国之君打下天下之后，把王朝视为自家基业，皇室集团遂成为一个狭小封闭的圈子。王朝未来之君必出自这个狭小的人才库，如此一来，几代之后出现昏聩之君也就实属必然。功臣子弟得祖上荫庇，享有超乎寻常的财富与特权，其成为纨绔子弟的概率也大大增加。如此，二代、三代之后，最多四代、五代，王朝的

第七章 东汉衰落

统治阶层必定腐朽堕落,而此时,聚集在皇权周围的外戚、宦官、宠臣等则趁机弄权自肥。至此,朝纲紊乱、贪腐盛行不可遏制,王朝也由此失去了民心。民心一失,王朝也就没有了凝聚力,势必崩溃、解体。

| 第八章 |

三国两晋南北朝

历史现场

战乱与民族大融合的时代

东汉王朝灭亡之后，中国进入一个长期战乱的时代。这个漫长的乱世又分为三国、两晋、南北朝三个阶段。魏、蜀、吴三国之间彼此争斗的故事为人熟知，罗贯中创作的小说《三国演义》就是根据这段历史改编而成的。为了引人入胜，小说固然要加入许多夸张的铺排和描写，但总体轮廓还是符合史实的。那个年代确实是一个乱世，同时也是一个英雄辈出的时代。魏、蜀、吴三个国家的第一代创业者及其麾下的将相个个都是英雄人物，他们历尽艰难，开创了基业。可惜的是，这份基业并没有得到很好的继承。原因很简单，当创建帝业的第一代英雄死去之后，他们的二代几乎全是败家子。"扶不起来的阿斗"，说的就是刘备的儿子刘禅不能守住老爸创下的基业。公元263年，蜀汉政权在刘禅统治时期被魏国灭掉了。

第八章 三国两晋南北朝

不过，此时魏国的曹氏家族也衰败了。就像当年曹操控制汉献帝一样，司马懿后来操纵曹魏政权，他的儿子司马昭随后彻底掌控魏国的全部政权。在吞并蜀汉政权的两年后，即公元265年，司马昭之子司马炎彻底篡夺了魏国政权，成立了西晋，是为晋武帝。

西晋于公元280年灭掉了吴国，完成了统一大业。然而，西晋也很快衰败了。晋武帝死后不到两年，晋王室就发生了"八王之乱"的严重内斗。

就在西晋王朝日益衰落之际，匈奴人开始大举入侵中原。公元311年，刘聪带领匈奴军队攻占了西晋的都城洛阳，俘获晋怀帝。西晋只得在长安拥立晋愍（mǐn）帝，勉强延续西晋政权。但这种情况仅仅维持了五年。公元316年，刘曜率领匈奴军攻破长安，晋愍帝献城投降，西晋结束。

晋王室丢掉北方之后南渡，于公元317年在南京建立了东晋。自此，中国分为南、北两部分。南方的东晋政权延续了104年，之后是宋、齐、梁、陈四个更为短命的王朝，一共经历了170年，是为南朝。北方则为"五胡"政权交替控制，即匈奴、鲜卑、氐、羌、羯五个少数民族建立了十六个政权,也就是人们常说的"五胡十六国"。这些少数民族在中国北方建立政权,一方面与原来的汉人势力相对抗,另一方面也与汉人合作,无论是相互对抗还是相互合作,都极大地促进了民族融合。因此,"胡人汉化"和"汉人胡化"也就成了这一阶段最重要的主题。

"胡人汉化"最典型的例子当属北魏孝文帝进行的改革。北魏孝文帝主动解散鲜卑族的部落,改族群为乡里,并让鲜卑族使用汉字,改姓汉姓。这种全面汉化的政策无疑大大加速了鲜卑族的汉化过程。

另一方面,中原地区的汉人也在与胡人打交道的过程中学习胡人的文化,在潜移默化中接受了胡人的生活习惯。比如,一向席地而坐的汉人在这一时期开始使用"胡床"——胡人发明的高足座椅。随着高足家具的流行,汉人放弃了席地而坐的习惯。此外,胡人的服装、音乐、舞蹈等文化也为汉人所接纳、效仿,胡笳、羌笛、琵琶等胡人乐器从漠北和西域传入中原,使中国的音乐更加丰富;胡人擅长的牲畜饲养技术传到了中原,胡人制作的毛毡、奶酪、酥油、胡饼等也为汉人所喜欢,胡汉互

石雕佛坐像。佛像为高肉髻，面型略长，身穿双领下垂式袈裟，右侧衣缘敷搭于左臂上。面部恬静而温和的表情，使人有亲切之感。此像源自云冈石窟，由北魏皇室和高僧昙曜开凿，开创了中原地区石窟寺开凿的先河。（图片来源：王士强/千龙图像/视觉中国）

化结出了累累硕果。秦汉以来建立的大帝国体系经过此番融合、重组之后，增添了不少新的基因。中国的人类组织，包括国家生态、地缘族群及文化成分等由此变得更多元、更复杂。可以说，经过这一阶段的"胡人汉化"和"汉人胡化"，事实上形成了东亚地区的民族大融合和文化大升级。

还有一点也值得一说。佛教在魏晋南北朝时期迅速发展壮大。这一时期，无论是北方的胡人政权还是南方的汉人政权，均对来自异国的佛教报以特殊的好感。原因在于，越是动荡不安的年代，人们越需要宗教给予精神慰藉。佛教自传入中国，经过一段时间的传播，这时恰好能承担这种功能。自此之后，佛教深深地嵌入中国文化中，成为"儒、释、道"三种核心思想中的一支。

三国两晋南北朝时期无疑是一段长达四百年的乱世，在这个乱世之中，百姓饱受战乱之苦。可若就国家形态的重组和再造而言，此时期又是民族大融合与文化大升级的必经阶段。

人物故事
北魏孝文帝改革

北魏是鲜卑族建立的一个王朝，它的创建者是拓跋珪。

前秦统一中国北方时，鲜卑族也为前秦所统治。公

第八章　三国两晋南北朝

元 383 年，前秦皇帝苻坚亲率大军讨伐东晋，结果在淝水被东晋打败。淝水之战惨败之后，前秦在北方的统治随之瓦解，拓跋珪趁机复国，改国号为魏，称皇帝，史称北魏。经过几代人的持续努力，北魏于公元 439 年统一了北方。

北魏的历代统治者都重视学习汉文化，等到了北魏孝文帝拓跋宏统治时，他更是启动了全盘汉化的改革措施，史称孝文帝改革。

北魏孝文帝对鲜卑族的政治形态和文化生活深感不满，觉得鲜卑族一定要学习汉人先进的政治制度和文化习俗。为了让鲜卑人学习汉人文化，模仿汉人的生活方式，孝文帝下令将北魏的都城从平城（今山西大同）迁到洛阳，因为洛阳是中原的中心，汉人多，汉文化发达，鲜卑人模仿起来更容易。

可是，大部分鲜卑贵族不愿意迁都，对孝文帝全盘汉化的改革也不太认可。为了让自己的改革措施能很好地推行下去，孝文帝心生一计，他下令全军南下出征。鲜卑贵族反对迁都，但总不能反对南征吧？于是，鲜卑大军就离开平城一路南下，等走到洛阳时，恰好天上下起了倾盆大雨，道路泥泞不堪。这时，鲜卑贵族请求停止南征。孝文帝趁机跟鲜卑贵族提出条件：如果你们不愿意继续南征，那就得同意迁都洛阳。鲜卑贵族实在不愿意继续南征，只得同意迁都洛阳。

为了缓和鲜卑贵族不愿意离开故土的情绪，孝文帝特许他们"冬则居南，夏便居北"，即允许他们冬天住在洛阳，夏天回到平城。这在当时算是一种过渡的方式，孝文帝希望通过南迁实现鲜卑族汉化的改革目标一直没变。他后来规定，迁居洛阳的鲜卑人死后一律葬在洛阳，不得归葬代北。

迁都洛阳之后，孝文帝又开始规定，鲜卑人一律穿汉服，说汉语，改汉姓，他自己首先就把"拓跋"这个鲜卑姓氏改为"元"。其余的，如"独孤"改姓"刘"，"丘穆棱"改姓"穆"，"步六孤"改姓"陆"，"贺赖"改姓"贺"，"贺楼"改姓"楼"。孝文帝还鼓励鲜卑人与汉人通婚，孝文帝自己带头迎娶崔、卢、王、郑、李等汉人士族之女入宫，并强令六个兄弟也都聘娶了汉人士族之女为正妃。

此外，孝文帝还恢复了孔子的"素王"地位，通过

元羽墓志。现藏于中国国家博物馆。元羽，北魏孝文帝之弟。在鲜卑语中，"拓"是土地，"跋"指君主。土地是万物之始，"元"在汉语中有开始之意，故北魏皇族改姓元。（图片来源：刘兆明/视觉中国）

提高尊孔、祭孔的规格笼络了大批汉族士人。在政治制度方面，孝文帝颁布官吏官俸制度，还颁布均田令，实行租庸调制。

孝文帝实施的这些全面汉化的改革措施，使游牧民族建立的政权在政治、文化、习俗等方面均被中原文明所同化，消解了原本存在的民族矛盾。原来鲜卑人与汉人之间的差别迅速消失，取而代之的是士人与庶人之间的差别。这表明孝文帝的改革意在促进民族大融合，建立一个更具有公共性的国家。

知识贴士：竹林七贤

魏晋之际，政局动荡，官场腐败。面对痛苦的现实，士大夫阶层的心态也发生了很大转变。在人生道路的选择上，他们不再喜欢谈论政治，转而追求文学和艺术上的成就；在哲学思想上，他们不再坚定地信奉儒家的思想，转而更喜欢老子、庄子的道家思想。相应地，此时评价人物的标准也变了，不再用道德伦理来衡量人，转而推崇魏晋风度。所谓的魏晋风度，其实是指一种率直任诞、清俊通脱的精神气质。

最能体现魏晋风度的人物就是"竹林七贤"。竹林七贤指的是阮籍、嵇康、山涛、刘伶、阮咸、向秀、王

第八章 | 三国两晋南北朝

《竹林七贤图》。傅抱石绘，纸本，此图为郭有守先生捐献，现藏于故宫博物院。以阮籍、嵇康为代表的竹林七贤生于魏晋易代之际，经历了较常人更多的坎坷和磨难。他们的道德文章和生活方式深刻地影响着两晋的文风、世风和士风。此图中，七贤或谈书论文，或冥神苦思，或闭目养神，姿态各异，神采自存。画家精心构思，狭长的纸幅上七人错落有致，布局巧妙自然。

戎七个人。这七个人都出身世家大族，但各有特点。阮籍和嵇康不喜欢做官，非常率真，而山涛和王戎则在朝廷中做了高官。刘伶以特别爱喝酒著称，阮籍、阮咸、嵇康则因音乐才华出众而大受追捧。

竹林七贤的身上集中地体现了魏晋时期的名士风范。这个时期的士人，意识到了生命和自由的可贵，所以即便生逢乱世也要活得精彩，利用仅有的一点自由让生命尽情绽放，也要用款款深情去发现山水之美。他们爱饮酒，爱炼丹，爱清谈，爱纵情山水。他们的种种作为，在今天看来很像行为艺术，实则是他们生命自觉意识的一种外在表达。美学家宗白华先生总结说："魏晋名士向外发现了自然，向内发现了自己的深情。"

东晋和南朝的门阀政治 观点提炼

在讲东汉时，我们提到了门第观念。门第观念在东汉时期不断发展，到了魏晋时期就形成了世族高门；魏

第八章 三国两晋南北朝

晋时期的世族高门发展到南朝,则演变成了门阀政治。

西晋灭亡的时候,晋王室"永嘉南渡",在江南建立东晋王朝,依托的就是门阀士族的力量。以东晋第一高门琅琊王氏为例,整个东晋王朝,主要就是凭借王家和谢家这两个大贵族势力的支撑才建立起来的。王导、王敦、王旷等是最早一批拥立司马睿当皇帝的人。东晋王朝建立之后,朝廷最依仗的便是王导、王敦兄弟,王导执政在内,王敦统兵在外,那可真叫权倾朝野。王旷有个儿子叫王羲之,是著名的书法家,王导和王敦是王羲之的伯父。可以说,大书法家王羲之的父辈就是东晋王朝的开国元勋。王氏家族的地位异常显赫,当时便有"王与马,共天下"的说法,意思是东晋王朝是由皇室司马氏与琅琊王氏共同治理的。王氏之外,颍川庾氏、陈郡谢氏、谯国桓氏等也在东晋的权力格局中有着一定的分量。

所谓"门阀",有"门"和"阀"两层意思:门指门第,即必须是出身于贵族的人才有资格做高官;"阀"则代表"阀阅",即同属贵族出身的人,还要看门第等级的高低,门第等级高的人当然要比门第等级低的人享受更多的特权。

门第现象在东汉时期表现为由"累世经学"至"累世公卿",要先有学问而后才能做高官。可是,到了东晋和南朝时期,只要是出身名门望族,就一定可以稳稳当当地做高官,根本不再需要"经学"之类的学术背景了。因此,我们可以说,东晋和南朝时期的门阀政治实质上是一种贵族政治,但它既不是上古时期的氏族贵族,也不同于欧洲中世纪的领主贵族,而只是出身地方名门的贵族。这种贵族政治是汉人官僚经过多次蜕变而成长起来的一种家族势力,即某一家族在某地累世为官,成了当地的名门望族。这些家族成员的政治特权和经济特权实质上并不来自皇帝的封赏或任命,而几乎来自他高贵的家族。此等情形下,东晋和南朝的高官重臣,他们所极力维护的自然是自己家族的利益,而非他所供职的王朝。

门阀政治有很大的腐朽性,表现为士族高门的子弟只要凭借着显赫的家世就能稳稳当当地做高官,而不必依靠真才实学。因为不需要真才实学就可以做高官,所以贵族子弟也就丧失了进取心,他们整日沉湎于清闲、放荡的生活，不关心政治，也拒绝担任繁杂且辛苦的工作，在王朝更迭的斗争中，更是畏缩不前、明哲保身。这些贵族平日虽为朝廷重臣，可实际上却没有为国家分忧的担当意识。

南朝时期政权更迭频繁，但是朝廷重臣中却没有殉节的人。当时的贵族都把自己的家族、门第看得更重要，无论怎样改朝换代，高门大族依然是高门大族。这种将家族置于国家之上的门阀政治，最终也是导致东晋、南朝无可救药的关键因素。

高门大族的子弟长期纵情声色，对实际事物一无所知。后人描述他们的生活是：处庙堂之下，不知有战阵之急；保俸禄之资，不知有耕稼之苦；肆吏民之上，不知有劳役之勤。他们"出则车舆，入则扶持"，一刻也离不开别人的伺候。有些人玩物丧志，连士大夫阶层必须掌握的文化知识也完全荒废了，成了徒有高位的文盲。

为了维护自己家族的特权，高门大族不仅把持官场，不让寒门庶族插足，而且在婚姻上也有严格的限制。高门大族只能和高门大族通婚，如果和圈外人通婚，则被视为"婚姻失类"，即所谓的"门不当户不对"。因此，高门大族都非常重视家谱，讲究郡望，家谱学成了当时的"显学"。名门望族的谱牒会被官府收藏，作为任命官员的重要依据。可见，当时的门阀政治腐朽到了何等地步。

门第精神维持了两晋 200 多年的统治，统治阶层虽然不能勠力政治治理，但尚能维持家教门风，这家教门风的来源则是东汉时期的儒家礼法。可是到了南朝时期，南朝君臣均是在高门大族的家庭中长大，他们只是稍微被熏陶了一些名士做派，而没有学到名士们的家教门风，所以，南朝时连魏晋风度都没有了，原有的贵族之气完全被放纵胡闹所取代。门阀政治发展到这等地步，剩下的也就只有衰落一途了。

门阀政治的颓势最先体现在军事领域。高门大族的子弟只会享乐，担任不了武职，带兵的武职便只好让庶人出身的人来担任，而庶人借着武职，不断靠军功升迁，跻身政权高层，有的甚至夺取政权，自己当上了皇帝。

南朝的四个开国皇帝，宋武帝刘裕、齐高帝萧道成、梁武帝萧衍、陈武帝陈霸先都出身庶族，都是先统兵，然后夺取了政权。这些庶族出身的皇帝当然看不惯高门大族纨绔子弟的享乐做派。他们虽不能在政策上放弃门阀政治，但他们却可以提拔有本事的庶人来辅佐自己。如此一来，高门大族的子弟仍可享受高官厚禄，但政治地位却在一点点地降低。

　　致命的一击来自侯景之乱。羯族将领侯景在梁武帝晚年发动叛乱，带兵攻陷了梁朝的都城建康（今南京），侯景的军队一番烧杀抢掠之后，繁华的建康城毁于一旦。昔日在建康城中过惯了锦衣玉食的高门大族"肤脆骨柔，不堪行步，体羸气弱，不耐寒暑"，大部分人在兵乱中死掉，侥幸逃走的，再也过不上从前的贵族生活了。经此战乱的巨大打击，梁武帝的子孙们分别投靠西魏、北齐，大玩骨肉相残的悲剧。

　　梁朝灭亡后，陈霸先趁乱建立了陈朝，陈朝也是南朝时期最后一个政权。陈朝所能控制的地盘，仅限于江陵以东、长江以南的狭小区域，已呈苟延残喘之势。公元589年，陈为隋所灭，天下重新归于统一。